역사적 상상력을
통해 본
백제
이야기

역사적 상상력을
통해 본

백제 이야기

홍민지 지음

백제 왕에 대해서 얼마나 알고 계신가요?

여러분도 한번 역사적 상상력을 발휘해서
백제의 모습을 그려봤으면 좋겠습니다.

서론

　백제 왕에 대해서 얼마나 알고 계신가요? 우리는 중고등학생 때 학교에서 배운 한국사, 한국사능력검정시험을 보기 위해 공부한 한국사, 공무원 한국사 등등 우리의 역사를 공부할 기회가 굉장히 다양했고, 그 덕에 한국사의 기본 지식은 어느 정도 습득하고 있습니다. 그렇기에 당연히 백제 왕에 대해서도 기본은 알고 계실 겁니다. 백제의 시조 온조왕, 초반 기틀을 다진 고이왕, 백제의 전성기 근초고왕, 불교를 수용한 침류왕, 장수왕과의 전투에서 패배한 개로왕, 신라와 혼인동맹을 맺은 동성왕, 무령왕릉의 발굴로 한국 고고학계 발전의 기틀을 마련한 무령왕, 신라 제2의 전성기 성왕, 백제의 마지막 왕 의자왕 정도는 어디서 한 번쯤 들어봤을 겁니다. 그리고 이 왕들의 대표적 업적 한두 개 정도는 알고 있는 사람들이 많을 겁니다.

솔직히 전공자도 아니고 역사에 관심도 없는 사람이 이 정도 왕을 알고 있으면 많이 아는 겁니다. 하지만 백제의 전반적인 흐름을 알기 위해서는 다른 왕들도 알아야 합니다. 당연하겠죠?

현재 우리가 백제 왕에 대해 알 수 있는 기록은 대부분 『삼국사기』나 『삼국유사』의 기록입니다. 이 두 기록이 아니면 중국 측 기록이나 『일본서기』의 기록을 통해 알 수 있습니다. 백제 자체에서 『서기』라는 역사책을 편찬했지만 시간이 너무 오래 지나기도 했고 여러 번의 전쟁을 겪으면서 이 역사책은 소실되었습니다. 그래서 백제에서 일어난 자세한 일들은 알 수 없습니다. 『삼국사기』와 『삼국유사』도 삼국시대가 멸망한 후 한참 뒤인 고려시대에 작성된 글이라서 세세하게 기록되어 있지 않고 빠져 있는 부분이 많아 백제의 건국부터 멸망까지 자세한 내용들은 알 수 없습니다. 중국 측 기록과 『일본서기』의 기록도 그 나라의 역사가 아니기 때문에 자국과 관련된 내용들만 있어 백제의 전체 역사를 알기에는 충분하지 않습니다.

이런 사정 때문에 백제뿐만 아니라 고구려와 신라를 포함한 삼국시대의 역사는 큰 부분, 큰 흐름의 파악만 가능할 뿐, 조선시대의 역사처럼 일자별로 세세하게 알 수 없습니다. 그렇기에 비어 있는 부분은 '역사적 상상력(근거를 가지고 추론하는 방법)'을 동원해 추측할 수밖에 없습니다. 사실 이 부분이 고대사에 입덕하게 되는 포인트라고 생각합니다. 그 시대 왕들이 귀족들과 정치 싸움 하는 모습, 외부의 적과 싸우는 모습을 상상하면 생각보다 재밌습니다. 한 편의 드라마를 내가 만드는 거죠. 역사적 상상력이란 일반 상상력과 달리 근거를 기반으로 상상하는 것을 말합니다. 역사는 실제 일어났던 일이기 때문에 근거도 없이 마음대로 상상할 수 없습니다. 그렇기 때문에 소설과 다르게 남아 있는 근거를 토대로 역사적 상상력을 발휘해야 합니다. 이 책에서는 『삼국사기』, 『일본서기』, 『삼국유사』 그리고 중국 측 기록을 통해 백제 역사의 빈 공간을 채워 넣어봤습니다.

우연한 기회에 『삼국사기』 백제본기를 자세히 읽어보다가 흥미로운 지점이 생겨 논문들을 찾아보게 되었고, 여러 자료를 찾아보면서 백제 왕들에게 재미있는 이야기가 숨겨져 있다는 사실을 알게 되었습니다. 사학과를 나왔지만 한 나라를 심층적으로 공부한 적은 없었기 때문에 왜 이런 이야기를 이제야 알았을까 하는 아쉬움이 있었습니다. 중고등학교 과정과 한국사능력검정시험 공부를 통해서는 이런 자세한 이야기들은 알 수 없었으니, 찾아볼 생각조차 하지 않고 있었습니다. 사실 이 부분은 역사 전공자로서 반성하는 부분입니다.

어쨌든, 백제 왕에 대한 이야기를 찾으면서 백제에서 왕으로 살아가는 게 쉽지 않았다는 걸 알게 되었고, 쉽지 않았던 백제 왕들의 삶들을 한번 정리해 보고 싶다는 생각을 하게 되었습니다. 백제는 유독 귀족의 힘이 강했던 나라였습니다. 그래서 왕들이 개혁을 시행하는 데 많은 어려움을 겪었습니다. 이에 백제 왕들은 왕권 강화책을 펼쳐 귀족들의 힘을 누르고 자신의 개혁을 시행하기 위해 노력했습니다. 이런 노력으로 점점 왕권이 올라가나 싶으면 큰 사건이 터져 다시 왕권이 내려가고 귀족이 그 힘을 가져갔습니다. 백제 왕들은 왕권 강화와는 연이 없던 것 같습니다. 이런 역동적인 백제의 정치상황이 저에게 매력적으로 다가왔습니다.

예전에는 자료가 너무 없는 고대사에 매력을 느끼지 못했는데요, 요즘에는 오히려 그런 점이 더 매력적으로 다가옵니다. 뭔가 미지의 세계에 들어가는 기분이 들거든요. 이렇게 근거를 바탕으로 그 시대를 자유롭게 상상해 볼 수 있다는 게 고대사를 재밌게 느끼게 하는 요소인 것 같습니다.

이 글을 읽으시는 분들 중 단 한 분이라도 이런 고대사의 매력에, 그리고 백제왕의 이야기에 빠지게 되신다면 좋겠습니다.

이 글은 대부분 『삼국사기』와 『삼국유사』를 참고했고, 훌륭한 학자분들의 논문을 참고했습니다. 제가 글을 쓸 수 있는 데에는 이전의 학자분들의 훌륭한 연구가 있었기 때문에 가능했습니다. 그리고 저의 역사적 상상력을 덧붙여 채웠는데, 여러분도 한번 역사적 상상력을 발휘해서 백제의 모습을 그려봤으면 좋겠습니다.

목차

서론

백제의 수도 12

한성 시기

- 18 온조왕
- 34 다루왕, 기루왕, 개루왕
- 45 초고왕, 구수왕
- 51 사반왕, 고이왕
- 65 책계왕, 분서왕
- 71 비류왕
- 80 계왕, 근초고왕, 근구수왕
- 98 침류왕
- 103 진사왕, 아신왕, 전지왕
- 123 구이신왕, 비유왕
- 131 개로왕

웅진 시기

142 문주왕, 삼근왕, 동성왕
157 무령왕

사비 시기

168 성왕, 위덕왕
179 혜왕, 법왕, 무왕
191 의자왕

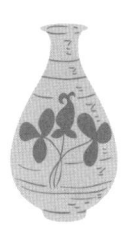

백제의 수도

　백제는 총 2차례의 천도를 했습니다. 그래서 세 개의 수도를 갖고 있던 국가였습니다. 위례성(한성), 웅진성, 사비성이 그것입니다. 첫 번째 수도 위례성은 현재 서울 송파구의 풍납토성으로 추정합니다. 두 번째 수도 웅진성은 충청남도 공주시 공산성, 사비성은 충청남도 부여시 관북리 유적으로 추정합니다.

　천도는 강한 왕권을 바탕으로 추진합니다. 한 나라의 수도를 옮기게 되면 많은 것을 함께 옮겨야 합니다. 수도에서 힘을 키우던 기득권 세력들은 자신들의 근거지가 옮겨지면 힘을 잃기 때문에 기를 쓰고 천도를 반대합니다. 이런 귀족들의 막강한 반대를 이겨내야 하기 때문에 천도를 위해서는 반드시 왕권이 강해야 합니다.

백제의 첫 번째 수도 위례성은 현재 서울 송파구 풍납토성으로 추정합니다. 이곳은 한강을 접하고 있기 때문에 농사를 짓기에 적합하기도 하고, 강이 방어막 역할을 해서 외부세력의 침략 시 유리한 위치이기도 했습니다. 백제의 건국시조 온조가 한강 유역에 자리를 잡았고, 백제를 건국했습니다. 이 시기를 한성 시기라고 부르고, 온조왕부터 개로왕까지입니다. 한성시기는 백제의 역사 중 가장 길고 찬란했던 시기입니다. 백제의 전성기를 이끈 근초고왕이 바로 이 한성 시기의 왕입니다. 한성 시기가 가장 찬란했던 이유는 한강 유역에 자리를 잡았기 때문입니다. 삼국시대에는 한강 유역을 차지했던 왕 시기가 전성기였는데, 백제는 건국할 당시 자리를 이곳에 잡았기 때문에 삼국 중 가장 먼저 전성기를 맞이할 수 있었습니다. 삼국이 모두 차지하고 싶어 하는 이 땅을 백제가 선점했다니, 온조가 자리 하나는 정말 기가 막히게 잡았다는 생각이 듭니다.

두 번째 수도는 웅진성으로 현재 충청남도 공주시입니다. 앞에서 천도는 왕권이 강해야 가능하다고 했잖아요, 그렇다면 이 시기 백제 왕의 힘이 강했을까요? 아닙니다. 백제의 첫 번째 천도는 특수한 상황에서 이뤄졌습니다. 뒤에서 더 자세하게 설명할 것이기 때문에 여기에서는 간단히 설명해 드리겠습니다. 고구려는 한강 유역을 차지하기 위해서 남진정책을 펼쳤습니다. 이 과정에서 백제와 부딪치게 되었고 당시 백제의 왕이었던 개로왕은 고구려에게 잡혀 목이 잘렸습니다. 그리고 한강 유역은 고구려가 차지하게 되면서 백제는 어쩔 수 없이 수도를 옮겨야 했습니다. 그래서 쫓기듯이 내려간 곳이 바로 웅진성입니다. 한 나라의 왕이 죽는 일을 겪었고, 수도를 옮길 때 귀족들의 도움을 많이 받았기 때문에 이 시기 왕들은 힘이 없었습니다. 문주왕부터 무령왕까지가 이 시기의 왕인데, 초반의 문주왕, 삼근왕, 동성왕은 귀족세력에게 시해를 당했습니다. 그 정도로 왕권이 약했던, 아니 왕권이란 게 아예 없던 시기가 바로 웅진 시기입니다.

마지막 수도 사비성은 현재 충청남도 부여시입니다. 이곳으로 천도를 한 왕은 성왕입니다. 백제는 웅진성으로 천도 후 점차 국력을 회복해 나갔습니다. 수도 안에 점차 인구가 늘어나고 물자도 늘어나게 되니 좁은 웅진성으로 감당이 되지 않았습니다. 거기다가 웅진 시기 백제 왕들은 무령왕을 빼고 모두 귀족들에게 시해당했을 정도로 귀족의 권력이 강했습니다. 이 상황을 타개하기 위해서는 반드시 천도에 성공해야 했습니다. 이러한 여러 가지 이유로 성왕은 천도를 했고, 성공했습니다. 성왕부터 마지막왕 의자왕까지가 이 사비 시기의 왕입니다.

백제는 사비천도 후 예전의 영광을 되찾고 싶었습니다. 예전의 영광이란 한강 유역을 차지하고 전성기를 누렸던 영광입니다. 그래서 고구려에게 빼앗긴 한강 유역을 되찾기 위해 신라와 손을 잡고 고구려를 몰아낸 후 한강 유역을 나눠 가졌습니다. 하지만 예전처럼 강한 백제가 아니었기 때문에 이 지역을 운영하기 어려웠고, 어렵게 얻은 한강 유역을 포기하게 되었습니다. 그러다가 신라와 고구려의 밀약사실을 알게 되었고, 성왕은 신라에 배신감을 느끼게 되었습니다. 결국 두 나라는 맞붙게 되었고 위덕왕은 관산성까지 진출했습니다. 이 과정에서 성왕이 사망하게 되었습니다. 그러자 왕권은 다시 약해졌고 귀족이 힘을 얻게 되었습니다. 어렵게 올려놓은 왕권이 다시 추락하게 된 백제는 또다시 어려움에 빠졌습니다.

  이런 상황을 극복하고 다시 왕권을 강화하기 위해 무왕이 천도를 시도했습니다. 이번엔 익산으로의 천도입니다. 하지만 이 시도는 실패하였고, 백제는 멸망할 때까지 귀족들의 손아귀에서 놀아나게 되었습니다.

  귀족의 손아귀에서 벗어나 강력한 왕권을 꿈꾸던 백제 왕들의 이야기를 지금부터 시작하도록 하겠습니다.

한성 시기

온조왕

* 온조왕 재위: B.C18~28

    온조왕은 백제를 만든 건국시조입니다. 온조는 삼국(백제, 고구려, 신라)의 건국시조 중 유일하게 '알'에서 태어났다는 탄생신화가 없는 왕입니다. 조그마한 나라였던 가야의 시조 김수로도 알에서 태어났다는 탄생신화가 있는데, 온조는 왜 없을까요?
    첫 번째 이유는 부여의 존재 때문입니다. 백제 왕족들의 성씨가 무엇인지 아나요? 바로 '부여'입니다. 부여는 나라 이름이 아닌가 생각할 수 있습니다. 나라 이름도 맞고, 백제에서는 성씨로 사용하기도 했습니다. 왜 백제는 부여를 성씨로 사용했을까요? 백제는 자신들이 부여의 후손이라고 생각했습니다. 후에 성왕 때 나라 이름을 '남부여'로 바꾸기까지 하는데요, 이는 부여 계승사상이 잘 반영된 모습입니다. 이렇게 부여를 계승했다고 자처한 백제이기 때문에 부여의 건국신화가 있으니 굳이 자신들의 신화를 만들지 않았던 것이죠. 이것도 하나의 추정이라서 100% 이런 이유라고 볼 순 없지만, 가능성이 가장 큰 이야기이지 않을까 싶습니다.

또 다른 이유로 아버지(또는 양아버지) 주몽의 존재가 있기 때문에 탄생신화가 없다고도 합니다. 고구려 건국시조 주몽도 알에서 태어난 신화를 갖고 있기 때문에 굳이 온조까지 신화를 만들 필요가 없었다는 겁니다.

『삼국사기』에 기록된 온조의 건국 이야기를 보겠습니다.『삼국사기』에는 두 가지 이야기가 실려 있는데요, 온조가 주몽의 친아들이라는 이야기와 양아들이라는 두 가지 이야기가 있습니다. 저는 온조가 양아들이라고 생각하는 입장이라서 그 내용을 중심으로 서술해 보도록 하겠습니다.

온조는 졸본부여에 살던 소서노의 아들입니다. 소서노에게는 비류와 온조 두 명의 아들이 있었는데, 소서노가 부여에서 내려온 주몽과 결혼하면서 둘 다 주몽의 아들이 되었습니다. 주몽이 고구려를 세우고 비류와 온조는 왕자로 살아가고 있었습니다. 비류와 온조는 주몽이 죽으면 둘 중 하나가 고구려 왕위를 이어받지 않을까 생각하고 있었는데, 이런 행복한 상상을 깨는 한 사람이 등장합니다. 바로 '유리'라는 사람입니다(신라의 유리이사금과 동명이인입니다). 유리는 주몽이 부여에 있을 때 낳은 아들이었는데, 이 유리가 아버지를 찾아 밑으로 내려온 겁니다.『삼국사기』고구려본기에 유리가 부러진 검을 가져와 맞춰봤다는 이야기가 있는데, 이 내용에 대해서는 진위 여부가 확실히 밝혀진 건 아니라고 합니다. 아무튼 주몽은 이 유리에게 왕위를 물려주겠다고 이야기하고 유리를 태자로 세웁니다. 그러면 비류와 온조는 어떻게 되는 걸까요?

만약 여러분이 비류와 온조였다면 어떤 결정을 내릴 건가요? 정변을 일으키는 방법도 있고, 그냥 왕위를 포기하고 조용히 사는 방법도 있겠죠. 당시 비류와 온조는 어떤 결정을 내렸을까요?

> 주몽이 북부여에 있을 때 낳은 아들이 와서 태자가 되자, 비류와 온조는 태자에게 받아들여지지 않을까 두려워하여, 마침내 오간·마려 등 10명의 신하와 더불어 남쪽으로 갔는데 백성들이 따르는 자가 많았다.
>
> 『삼국사기』 백제본기 제1권

『삼국사기』에 보면 비류와 온조는 태자인 유리에게 받아들여지지 않을까 두려워 남쪽으로 갔다고 합니다. 이때 따르는 신하가 많았다고 하는데, 고구려에 있을 때 둘의 위상이 어땠는지 짐작이 가능하시죠? 태자로 세워진 유리의 눈치를 보지 않고 자신들이 따르던 비류와 온조를 그대로 따라간 거잖아요. 이 둘은 고구려에서 신하들에게 믿음을 잘 쌓은 것 같습니다.

자신들을 따르는 사람들과 남쪽으로 내려온 비류와 온조는 어디에 정착할지 고민하게 됩니다. 처음에 어디에 정착할지 선정하는 건 굉장히 중요한데, 그 지역의 특성에 따라 앞으로 국가의 운

명이 결정되기 때문입니다. 비류는 바다에 정착하고 싶어 지금의 인천으로 추정되는 미추홀에 정착합니다. 반면 온조는 신하들의 간언에 따라 강 남쪽에 도읍을 정한 후 나라 이름을 '십제'라고 하였습니다. 이 지역의 위치에 대한 설은 여러 가지가 있는데요, 현재는 서울시 송파구에 있는 풍납토성을 가장 유력한 곳으로 보고 있습니다.

여러분, 바다 근처에서 사는 생각을 해본 적 있으세요? 어떨 것 같아요? 이미 바다 근처에 사는 분들이라면 그곳의 장단점에 대해 생각해 보세요. 저도 바다를 참 좋아하는데요, 바다를 보면 생각도 정리되는 것 같고, 바닷소리를 들으면 마음이 차분해져서 좋아합니다. 그런데, 바닷바람을 혹시 느껴본 적 있나요? 생각보다 많이 습합니다. 습해요. 비류도 살다 보니 생각보다 너무 습했던 것입니다. 거기다가 바닷물이 짜잖아요. 지금처럼 바닷물을 정화해서 사용하는 기술이 발달한 것도 아니고, 이 짠물을 어떻게 활용할 수가 없었겠죠. 비류는 이내 후회했다고 합니다.

— 비류는 미추홀의 땅이 습하고 물이 짜서 편안히 살 수가 없었다.

『삼국사기』 백제본기 제1권

온조가 자리 잡았던 지역은 한강을 끼고 있기 때문에 바다였던 미추홀과 생활환경이 달랐습니다. 일단 바닷물과 다르게 강물은 짜지 않죠. 그래서 물을 충분히 활용할 수 있었고, 덕분에 생활의

질이 올라갔습니다. 그리고 땅도 비옥해 농사짓기에도 좋고, 강이 방어막 역할도 해서 외부의 침입으로부터 보호해 주기도 합니다. 또한 배를 타고 밖으로 나가기에도 좋습니다. 이를 대외진출에 유리하다는 말로 설명합니다. 이렇게 좋은 지역을 차지했기 때문에 백제가 삼국 중 가장 먼저 전성기를 맞이할 수 있기도 했습니다. 한강은 이러한 지리적 이점 때문에 고구려, 신라를 포함한 삼국이 어떻게든 빼앗고 지키려고 했던 요충지였습니다. 이 한강을 차지했던 국가는 전성기를 누렸고, 그 순서는 백제, 고구려(장수왕), 신라(진흥왕)입니다.

> 비류는 미추홀의 땅이 습하고 물이 짜서 편안히 살 수가 없었다. 위례성으로 돌아와서 보니, 도읍은 안정되고 백성들은 편안하고 태평하므로 마침내 부끄러워하고 후회하다가 죽었다. 그의 신하와 백성들은 모두 위례에 귀부하였다.
>
> 『삼국사기』 백제본기 제1권

비류가 죽은 후 비류 밑에 있던 신하들이 십제에 귀부하였고, 백성들이 즐거이 따랐다고 해 국호를 '백제'로 바꾸었다고 합니다. 비류 밑에 있던 신하들도 속으로는 엄청 한강 유역으로 가고 싶지 않았을까요? 자신들이 따르던 비류를 따라왔는데, 생각보다 살기 힘드니 얼마나 가고 싶었겠어요. 하지만 의리 때문이었는지 아니면 비류의 눈치가 보였던 건지, 비류가 살아 있을 땐 옮기지 못하고 비류가 죽은 후 바로 십제로 갔습니다.

> 그 후 올 때 백성들이 즐거이 따랐다고 하여 국호를 백제로 고쳤다. 그 계통을 고구려와 더불어 부여에서 함께 나왔기 때문에 부여를 씨로 삼았다.
>
> 『삼국사기』 백제본기 제1권

앞에서 이야기했듯이 백제인들은 자신들이 부여에서 나온 국가라고 생각하는 부여 계승사상으로 인해 '부여'를 성씨로 삼았다고 합니다. 백제 왕 이름을 찾아보면 '여경', '여창' 등이 나오는데요, 여기서 '여'가 부여의 여를 뜻합니다. 성씨는 나의 정체성, 소속을 결정하는 중요한 요소입니다. 그런 중요한 요소를 부여로 정했을 정도로 부여 계승의식이 강했습니다.

잠깐, 여기서 오해하면 안 되는 게, 이 시기 백제는 마한의 54개 소국 중 하나라는 겁니다. 여러분이 잘 아는 한반도 서남 지역을 모두 통일한 백제를 생각하시면 안 됩니다. 심지어 마한의 주도 국가는 백제국이 아닌 목지국이었습니다. 그러니까 당시 백제는 신생국이고, 그만큼 마한 내에서 아직 힘을 못 펴고 있었습니다. 아직은 마한의 여러 소국들이 존재했던 시기이고, 이후의 왕들이 차차 정복 전쟁을 통해 마한 지역을 통일해 나갔습니다. 앞에서 이야기했지만 한강을 끼고 있던 지리적 유리함 덕분에 이후 마한 지역을 정복할 수 있었습니다.

이는 고구려, 신라도 마찬가지입니다. 고구려는 처음부터 한반도 안으로 진출하진 못했고(초기 수도인 졸본과 국내성은 모두 한반도 바깥쪽에 있습니다), 미천왕 때 낙랑을 쫓아내면서 한반도로 들어올 수 있는 기반이 마련되었습니다. 신라도 진한의 소국이었던 사로국에서 출발해 주변 국가들을 점차 통일하면서 우리가 아는 신라의 모습이 완성된 것입니다.

무튼, 여기까지가 많은 사람들이 알고 있는 백제 건국의 이야기입니다.

여기서 새로운 이야기를 들려드리겠습니다. 혹시 백제의 건국 이야기가 또 있다는 거 알고 계신가요? 바로 '구태'에 의해서 백제가 건국되었다는 이야기입니다. 구태라는 사람은 좀 낯설죠. 구태는 부여의 시조였던 '동명'의 후예로, 어질고 신의가 두터웠고 처음으로 대방(한 4군) 옛 땅에 나라를 세웠는데, 이 나라가 백제라고 하는 이야기입니다. 구태에 대한 이야기는 주로 『북사』나 『수서』 같은 중국계 사서에서 보입니다. 중국계 사서에는 아래와 같은 내용이 실려 있다고 합니다.

- 구태가 대방지역에 나라를 세웠다. 그리고 백제 사람들은 일 년에 네 차례 구태묘에 제사를 지낸다.

백제 건국의 이야기에서 중요한 건 온조가 시조냐, 구태가 시조냐가 아닌 언제부터, 왜 온조신화에서 구태신화로 바뀌었냐는 겁니다. 누가 진짜 시조인지 시시비비를 가리는 건 학자분들이 열심히 연구하고 계시니, 우리는 왜 백제인들이 시조를 바꾸었는지 생각해 보면 됩니다. 구태가 시조가 되기 시작한 건 성왕 때라고 추측합니다. 뒤에서 보겠지만 성왕은 나라 이름을 남부여로 바꿉니다. 부여 계승의식을 더욱 강화한 건데요, 이 과정에서 시조도 교체하지 않았을까 하는 겁니다. 시조는 현재 왕의 근본이 어디에 있는지 결정하는 중요한 요소이기 때문에 시조를 교체하는 건 중요한 일입니다. 성왕은 왕권 강화 정책을 펼치면서 시조까지 수정했을 가능성이 있습니다.

또 다른 시조 교체에 대해 이야기하기 전에 동명에 대해서 간단히 이야기해 보겠습니다. 여러분은 '동명'이라고 하면 누가 제일 먼저 떠오르시나요? 아마 많은 분들이 '주몽'을 떠올리지 않을까 싶습니다. 우리나라 교육과정에서는 대부분 '주몽=동명'으로 알려주기 때문에 그렇습니다. 『삼국사기』에 주몽이 동명성왕으로 표기가 되어 있습니다. 그래서 교육과정에서도 그렇게 다루고 있습니다. 삼국사기에서 주몽이 동명성왕으로 표기된 데에는 많은 견해가 존재하는데, 아직까지 확정된 학설은 없습니다.

부여 동명의 건국신화와 고구려 주몽의 건국신화는 유사성이 많습니다. 먼저 『논형』의 「길험편」에 등장하는 부여의 건국신화부터 보겠습니다.

북쪽의 탁리국이라는 국가를 다스리던 왕의 시녀가 임신을 하였는데, 왕은 이 시녀를 죽이려고 하였습니다. 시녀는 왕에게 달걀 같은 기운이 하늘로부터 자신에게 내려와 임신하게 되었다고 하였고, 결국 시녀는 아이를 낳았습니다. 왕은 이 아이를 죽이기 위해 돼지우리에도 버리고 마구간에도 버렸으나 동물들이 입김을 불어넣어 주어 죽지 않고 살았습니다. 그래서 왕은 이 아들이 하늘의 아들이 아닐까 생각하여 죽이지 않고 아이의 어미에게 보내고 천하게 기르도록 합니다. 이 아이의 이름을 동명이라고 지었습니다. 그리고 말을 기르게 하였는데, 어릴 때부터 활을 잘 쐈기 때문에 왕은 동명에게 나라를 빼앗길까 두려워 죽이려고 하였습니다. 그래서 동명이 남쪽으로 달아났는데 가는 길에 엄호수라는 호수를 만납니다. 동명이 활로 물을 치자 물고기와 자라가 떠올라서 다리를 만들어줬고, 동명이 다리를 건너자 고기와 자라들이 흩어져 동명을 따라오던 병사들은 건널 수 없었습니다. 동명은 정착한 곳에 부여라는 나라를 세웠습니다.

다음은 고구려의 건국신화입니다.

강의 신 하백의 딸 유화는 동생들과 함께 나들이를 나가 놀고 있었습니다. 그런데 어떤 남자가 자신을 하늘의 황제의 아들 해모수라고 소개하였습니다. 그리고 유화와 하룻밤을 보낸 후 사라졌습니다. 유화는 결혼도 하지 않은 처녀가 외박을 했기 때문에 집에서 쫓겨났습니다. 유화는 부여의 왕이었던 금와왕을 찾아가 도움을 청했지만 금와왕은 이를 수상하게 여겨 방에 가두었습니다. 그런데 창문으로 빛이 들어오더니 유화를 쫓아다녔고 유화는 임신을 하게 되었습니다. 그리고 알을 낳았는데 금와왕은 이를 수상하게 생각해 알을 버렸습니다. 그런데 개와 돼지 모두 먹지 않았고 소와 말도 이 알을 피해 다녔습니다. 결국 금와왕은 알을 유화에게 돌려주었고 이후 이 알에서 소년이 태어났습니다. 이 소년은 어릴 때부터 활을 잘 만들어 쐈고 그랬기 때문에 주몽이라는 이름이 붙여졌습니다. 주몽의 능력이 출중해지자 금와왕의 아들들은 위협을 느끼기 시작했고, 주몽을 죽이기 위해 계획을 세웠습니다. 유화가 이를 알게 되었고 주몽에게 떠나라고 하였습니다. 주몽은 친구 오이, 마리, 협보와 함께 남쪽으로 도망가다가 엄사수라는 강을 만납니다. 주몽은 물에 대고 "나는 천제의 아들이자 하백의 외손자이다. 물을 건널 수 있게 해달라."고 이야기하였습니다. 그러자 물에서 물고기와 자라가 떠올라 다리를 만들어 줬고 주몽 일행이 무사히 건너자 다리가 사라져 뒤쫓아오던 병사들은 건널 수 없게 되었습니다. 주몽은 졸본 지역에 자리를 잡고 고구려라는 국가를 세웠습니다.

두 나라의 건국신화를 보니 어떠세요? 거의 흡사하죠?

주몽은 부여에서 갈라져 나온 세력입니다. 부여 내부에서 정치적 분열이 있었고, 그중 한 세력인 주몽세력이 남쪽으로 내려와 고구려를 건국했습니다. 고구려의 건국신화와 부여의 건국신화가 비슷한 이유는 주몽이 자신의 정통성 확립을 위해 부여의 건국신화를 가져와 사용했기 때문이 아닐까 합니다.

다시 백제 얘기로 돌아오겠습니다. 백제도 고구려와 마찬가지로 부여에서 갈라져 나온 세력으로 추정합니다. 부여 내에서 어떤 정치적 혼란이 발생해 그 과정에서 세력이 분화되어 갈라져 나오게 되었고, 그중 하나가 백제세력이라는 이야기입니다. 여러 세력 중 백제가 가장 마지막으로 갈라져 나온 세력이라고 추정합니다. 이건 제 개인적인 생각인데, 주몽이 부여에서 낳은 아들인 유리가 졸본으로 내려와 태자가 되었고, 이에 비류와 온조가 밑으로 내려왔다고 했잖아요, 이게 당시 왕위계승을 두고 크든 작든 갈등이 있었던 게 아닐까 생각됩니다. 그래서 그런 갈등 속에서 여러 집단으로 세력이 분화되었고(비류 집단이 그중 하나이지 않을까 생각됩니다), 그 세력 중 하나인 온조세력이 백제가 된 게 아닐까 싶습니다.

부여에서 정치적 이유로 해모수 집단과 해부루 집단이 나뉘었는데, 여기서부터 시작해 백제의 왕계도 나눠지는 게 아닌가 하는 견해도 있습니다. '해모수-동명-온조-초고왕계'와 '해부루-우태(구태)-비류-고이왕계'로 나뉘지는 겁니다. 해모수는 고구려 시조인 주몽의 아버지이고(해모수는 부여 건국신화에 의하면 해부루의 아버지이기도 합니다), 해부루는 부여 왕인 금와왕의 아버지입니다. 그러니까 부여 안에서 이 두 세력이 나뉘지게 되었다는 겁니다. 부여 안에서 해모수파와 해부루파가 나눠지는 게 지금 백제의 시조 교체랑 무슨 상관일까 하는 생각이 들죠?

각 세력 마지막에 있는 초고왕계와 고이왕계를 봅시다. 이 두 왕계는 백제 초기 왕권쟁탈을 벌였던 세력입니다. 뒤에 설명하겠지만, 고이왕은 정변을 통해 왕위에 올랐다고 추측합니다. 정상적인 방법이 아니기 때문에 자신이 왕위에 있는 정당한 이유가 필요했을 겁니다. 그래서 아마 건국신화를 건드리지 않았을까 합니다. 우태는 온조와 비류의 친아버지로 알려져 있는데요, 우태에서 장자 비류로 이어지는 계보를 이용해 고이왕 자신이 왕위에 올랐음을 정당화하는 겁니다. 이후 근초고왕 때 이르러 초고왕계가 완전히 왕권을 장악하면서 다시 온조왕이 시조가 되었다고 합니다.

이처럼 건국신화는 단순히 한 국가가 건국했다는 내용 이외에

한 국가의 다양한 정치적 집단의 모습을 보여주기도 하고, 그 정치적 집단들이 어떤 입장을 갖고 있는지 추정할 수 있는 근거도 마련해 줍니다. 그래서 중간중간 시조 교체가 이루어지기도 하고, 그렇기 때문에 시조에 대한 여러 가지 이야기가 존재하게 됩니다.

자, 이제 본격적으로 온조왕에 대한 『삼국사기』 기록을 볼까요?

온조왕은 백제를 건국한 해(B.C18)에 동명왕 사당을 세웁니다. 여기서 동명왕은 고구려의 주몽을 말하는 건지, 부여의 시조 동명왕을 말하는 건지 확실하진 않지만, 대체로 부여의 시조 동명왕이라고 생각합니다. 그 이유는 백제가 부여 계승의식을 갖고 있었던 모습을 많이 보여줬기 때문입니다. 그래서 동명왕 사당은 부여의 시조 동명에게 제사를 지내기 위해 만들지 않았을까 합니다. 이후의 몇몇 왕들의 기록을 보면 동명왕 사당에 제사를 지낸다는 내용이 있습니다. 백제의 왕들은 즉위한 다음 해에 동명왕 사당에 가서 제사를 지냈습니다. 이를 통해 왕이 즉위하면 즉위의례로 동명왕 사당에 제사 지내는 것이 포함되어 있는 것으로 보입니다.

> 3년(B.C16) 겨울 10월에 우레가 쳤고 복숭아꽃과 오얏꽃이 피었다.
>
> 『삼국사기』 백제본기 제1권

복숭아꽃과 오얏꽃은 봄을 알려주는 상징입니다. 이 기록은 크게 중요한 기록은 아니지만 백제에 봄이 왔다는 그런 이야기처럼 보여서 언급하고 싶었습니다. 보통 새로운 시작, 긍정적인 시작을 봄에 비유하잖아요. 이 기록도 그런 의미로 존재하지 않을까 생각됩니다. 백제는 봄처럼 따뜻하고 화사한 앞날을 맞이할 수 있을까요? 사실 당시 겨울이었기 때문에 겨울에 봄꽃이 피는 것은 이상현상인데, 저는 백제에 봄이 왔다는 좋은 의미로 해석하였습니다.

- 13년(B.C6) 봄 2월에 왕도의 늙은 할멈이 남자로 변하였고, 다섯 마리의 호랑이가 성안으로 들어왔다.
- 13년(B.C6) 왕의 어머니가 돌아가셨는데, 나이가 61세였다.

『삼국사기』 백제본기 제1권

    이 기록은 제가 온조왕 기록 중에 제일 흥미롭게 보는 기록입니다. 늙은 할멈이 남자로 변하고 다섯 마리의 호랑이가 성안으로 들어왔다는 게 무엇을 의미할까요? 이 기록에는 많은 의견이 존재합니다. 온조의 엄마였던 소서노가 왕의 자리를 넘보고 정변을 일으켰을 가능성, 무당을 남자도 하기 시작했다는 의미 등 다양한 의견이 있습니다. 제가 이 기록을 왜 흥미롭게 보냐면 일단 할멈이 남자로 변했다는 내용 자체가 재밌기 때문입니다.
    『삼국사기』를 저술한 김부식은 유학자이기 때문에 기이한 이야기를 최대한 배제하려고 하였습니다. 그럼에도 불구하고 이런 기이한 내용을 넣었다는 것은 그만큼 중요한 내용이기 때문 아닐까요? 앞으로도 이런 기이한 내용들이 나오는데, 그런 기록들은 유학자 김부식이 배제하지 않고 기록했을 만큼 중요한 사건을 암시한다고 생각하면 됩니다.

늙은 할멈이 남자로 변하고 다섯 마리의 호랑이가 성안으로 들어왔다는 기록 다음에 바로 왕의 어머니 소서노가 세상을 떠납니다. 그래서 이 두 기록이 어떤 관계가 있지 않을까 생각됩니다. 그리고 다음 어머니가 돌아가셨다는 기록으로 내용이 이어집니다. 어머니 소서노가 이 시기 정치적 혼란에 어떤 식으로든 관여가 되어 있는 거 같습니다. 정말 소서노가 권력을 차지하기 위해 정변을 일으켰을까요? 여러분도 역사적 상상력을 동원해서 이 시기 무슨 일이 있었을지 추론해 보세요.

온조왕은 즉위하고 13년이 된 해에 위례성으로 도읍을 옮겼습니다.

> 13년(B.C 6) 여름 5월에 왕이 신하들에게 다음과 같이 말하였다.
> "우리나라의 동쪽에는 낙랑이 있고, 북쪽에는 말갈이 있어 번갈아 우리 강역을 침공하므로 편안한 날이 적다. 하물며 요사이 요망한 징조가 자주 나타나고, 국모께서 돌아가셨다. 형세가 스스로 편안하지가 않으니 장차 반드시 도읍을 옮겨야겠다. 내가 어제 순행을 나가 한수의 남쪽을 보니 땅이 기름지므로 마땅히 그곳에 도읍을 정하여 오래도록 편안한 계책을 도모해야 하겠다."
>
> 『삼국사기』 백제본기 제1권

전 해에 어머니가 돌아가시고, 요망한 징조들이 자주 나타나자 온조는 도읍을 옮겨야겠다고 생각합니다. 위례성은 우리가 알고 있는 백제의 첫 번째 수도이죠. 그런데 온조가 처음에 백제의 수도를 한강 유역에 자리 잡았다고 했던 거 기억하시나요? 한강 유역에 이미 자리를 잡았는데 한강 유역으로 천도를 했다? 이게 무슨 의미일까요? 학자들은 온조왕이 처음에 자리 잡은 한강 유역은 북쪽이었고, 이후 한강 남쪽으로 근거지를 옮겼다고 추측합니다.

서울의 대표적인 백제 유적은 풍납토성과 몽촌토성입니다. 둘 중 왕성의 역할을 한 곳은 풍납토성이고 몽촌토성은 외적의 침입 시 방어의 역할을 했던 성이라고 합니다. 평소에는 풍납토성에서 생활하다가 외적이 침입하면 몽촌토성으로 피난을 가는 거죠. 풍납토성은 발굴을 하면 정말 어마어마한 유물과 터가 나올 것으로 기대가 되는데요, 기대만 할 뿐 아직 본격적인 발굴 작업이 이뤄지기는 어렵다고 합니다. 왜냐하면 그곳에는 이미 많은 주택이 들어섰기 때문입니다. 발굴을 하려면 주택가를 모두 밀어버리고 그곳에 사는 분들은 주거지를 옮겨야 하는데, 그러기에는 너무나도 대규모 이동이기 때문에 어렵다고 합니다. 그래서 조금 안타깝긴 하지만, 현재에도 그렇게 많은 주택이 들어서 있는 걸 보면 그곳이 사람 살기에 좋은 곳이고, 온조가 좋은 땅을 잘 선정했구나 하는 생각도 듭니다.

온조왕의 기록은 전부 다 믿을 수 없습니다. 왜냐하면 온조의 기록은 온조 당대에 기록되지 않았고 후대에 즉위한 왕(근초고왕으로 추정)에 의해 기록되었기 때문입니다. 그래서 온조가 하지 않은 일도 온조가 한 것으로 기록되기도 했습니다. 그중 하나가 재위

27년에 마한이 멸망했다는 기사입니다.

> 27년(9) 여름 4월에 두 성(원산성과 금현성)이 항복하였다. 그 백성들을 한산 북쪽으로 옮기니, 마한이 드디어 멸망하였다.
>
> 『삼국사기』 백제본기 제1권

앞에서 백제는 마한의 54개 소국 중 하나라고 이야기했죠. 이 기록에 의하면 온조가 건국한 지 얼마 안 돼 마한의 모든 소국을 다 점령했다는 건데, 솔직히 말이 안 되죠. 아무리 좋은 땅에 정착했다고 해도 단기간에 한반도 서남쪽을 전부 정복했을 리는 없죠. 상식적으로 생각해 보자고요. 그래서 이 기록은 믿을 수 없는 기록이라고 합니다. 마한정복은 최소 근초고왕 때는 가야 가능합니다. 백제는 마한의 54개 중 자그마한 국가였고, 당시 마한의 주도 국가는 목지국이라는 국가였습니다. 이런 상황에 어떻게 백제가 단기간에 마한을 통합했겠습니까.

> 46년(28) 봄 2월에 왕이 돌아가셨다.
>
> 『삼국사기』 백제본기 제1권

온조는 즉위한 지 46년이 되던 해에 사망했습니다. 그리고 아들이었던 다루가 왕위를 이었습니다. 이렇게 온조에 의해 삼국 중 한 국가인 백제의 문이 열렸습니다. 백제의 앞날은 창창할까요? 아니면 시련이 찾아올까요?

다루왕, 기루왕, 개루왕

* 다루왕 재위: 28~77
* 기루왕 재위: 77~128
* 개루왕 재위: 128~166

다루, 기루, 개루의 공통점을 찾아보세요. 모두 '루'가 들어갑니다. 그래서 이들이 해부루계일 거라고 생각하는 학자들 있습니다. 앞 장에서 해부루에 대해 잠깐 언급했던 거 기억하시나요? 해부루는 부여 금와왕의 아버지입니다. 다루, 기루, 개루 세 왕의 '루'가 해부루의 '루'와 관련되어 있지 않을까 생각하고, 그래서 이들의 성씨가 '해' 씨였을 가능성이 있다고 생각하기도 합니다. 그래서 이번 장에서는 세 명의 왕을 같이 묶어서 이야기해 보겠습니다. 이 세 왕은 『삼국사기』 기록으로만 이야기해 보겠습니다.

앞에서 분명히 백제의 왕족은 '부여' 씨를 사용했다고 했는데 이들은 왜 '해' 씨일까요? 정확히 알 순 없지만 제 개인적인 생각으로는 아직 부여 씨를 정식으로 사용하진 않았던 것 같습니다. 그리고 앞에서 이야기했듯이 온조 때의 기록은 후대에 썼기 때문에 온조부터 부여 씨를 사용했다는 이야기가 사실이 아닐 수도 있습니다.

본격적으로 들어가기 전에 하나만 말씀드리면, 백제의 2대 왕부터 8대 왕까지는 재위기간이 너무 길어서 중간중간에 누락된 왕이 있을 가능성도 제기됩니다. 이 시기 왕들은 100살이 넘게 사는 사람들도 있었습니다. 우리가 상식적으로 생각할 수 있는 수명이 있잖아요. 그 상식을 넘었기 때문에 중간에 누락된 왕이 있다고 추정합니다. 이 이야기를 기억하면서 다루, 기루, 개루왕의 이야기를 보도록 하겠습니다.

- 다루왕은 온조왕의 맏아들이다. 도량이 넓고 두터웠으며 위엄과 명망이 있었다.

『삼국사기』 백제본기 제1권

다루왕은 『삼국사기』 기록에 온조왕의 맏아들이라고 기록되어 있습니다. 이렇게 맏아들이라고 당당히 기록되어 있는 경우 진짜 맏아들이고 적통일 가능성이 높습니다. 이는 백제 기록의 특성이라고 합니다. 뒤에서 이야기하겠지만, 둘째 아들이라고 쓰여 있는 경우도 있습니다. 이건 어떤 경우일까요? 그건 뒤에서 이야기하겠습니다. 아마 질리도록 읽으실 겁니다.

- 2년(29) 봄 정월에 시조 동명왕 사당에 배알하였다.

『삼국사기』 백제본기 제1권

다루왕은 즉위한 다음 해에 동명왕 사당에 배알을 하러 갔습니다. 배알은 제사는 아니고 그냥 찾아가서 인사드리는 정도라고 생각하시면 됩니다. 그런데, 즉위하자마자 가지 않고 다음 해에 갔습니다. 왜 그럴까요? 즉위년은 선대 왕과 재위기간이 겹치기 때문에 다음 해부터 온전하게 왕의 재위기간이라고 인정해 줍니다. 그래서 즉위 다음 해에 즉위 기념으로 동명왕 사당을 방문했습니다.

다루왕 때는 신라와 마찰이 좀 있었습니다. 몇 차례 신라를 공격하는 기록이 있는데요, 큰 성과는 없었던 것으로 보입니다.

- 37년(64) 왕이 군사를 보내 신라의 와산성을 공격하였으나 이기지 못하고, 군사를 옮겨 구양성을 공격하였다. 신라가 기병 2,000명을 일으켜 맞받아쳐서 백제 군사를 패주시켰다.
  39년(66) 와산성을 공격하여 빼앗고, 군사 200명을 남겨 두어 지키게 하였는데, 얼마 지나지 않아 신라에게 패하였다.
  43년(70) 군사를 보내 신라를 쳤다.
  47년(74) 가을 8월에 장수를 보내 신라를 쳤다.
  48년(75) 겨울 10월에 또 와산성을 공격하여 함락시켰다.
- 49년(76) 가을 9월에 와산성을 신라가 되찾았다.

『삼국사기』백제본기 제1권

그런데 여기서 신라는 우리가 흔히 생각하는 진한을 모두 점령한 신라가 아니라 진한의 12개 소국 중 하나였던 작은 영토의 신라였습니다. 그러니까 마한의 소국이었던 백제국과 진한의 소국이었던 사로국이 조그만 전투 몇 번 했다고 생각하면 됩니다. 두 나라가 공식적으로 크게 붙은 전쟁은 아니라는 거죠.

다루왕은 재위 50년이 되던 해에 사망했습니다. 다루왕 기록은 대부분 신라와 전투를 벌이거나 말갈과 부딪힌 내용입니다. 아마 건국 초기라서 대외적으로 안정시킬 필요가 있었을 겁니다. 신생 국가가 생기니 옆에서 견제가 들어가지 않았을까요? 또한 고대 국가는 정복 전쟁을 통해 영토를 확장하는 게 당연했기 때문에 다루왕 때는 옆 국가들과 전투했다는 기록이 많이 남아 있습니다.

다루왕 사망 후 아들 기루가 즉위했습니다. 기루는 다루와 마찬가지로 맏아들이라고 기록되어 있습니다.

> 기루왕은 다루왕의 맏아들이다. 뜻과 식견이 넓고 원대하여, 사소한 일에 마음을 두지 않았다. 다루왕 재위 6년(33)에 태자로 삼았고, 50년(77)에 이르러 왕이 돌아가시자 왕위를 이었다.
>
> 『삼국사기』 백제본기 제1권

기루왕의 기록 중 흥미 있는 기록은 즉위 연도와 사망 연도입니다. 일단 태자로 책봉된 건 다루왕 재위 6년이었던 33년입니다. 그리고 왕으로 즉위한 해는 77년입니다. 그러니까 태어나자마자 태자책봉이 됐다고 치더라도 최소 44살에 즉위를 했습니다.

그리고 사망 연도는 128년입니다. 계산해 보면 몇 살에 사망했죠? 95살입니다. 그런데 보통 태자책봉은 태어나자마자 하지 않으니까 추정해 보면 기루왕은 100살이 넘게 살았습니다. 진짜로 100살이 넘게 살았을 수 있죠. 그런데 그걸 증명할 다른 기록이 없는 것으로 봐서 기루왕의 기록에 뭔가 빠져 있다고 추정해 볼 수 있습니다.

— 21년(97) 여름 4월에 두 마리 용이 한강에 나타났다.

『삼국사기』 백제본기 제1권

기루왕 재위 21년에 두 마리의 용이 한강에 나타났다는 기록이 있습니다. 한강은 백제의 수도 위례성이 있는 곳이고, 용은 백제 왕실을 상징합니다(이후에도 용이 계속 등장합니다). 그래서 한강에 두 마리의 용이 나타났다는 건 왕실의 두 세력이 수도 위례성에서 붙었고, 이는 왕위계승과 관련된 일이 아니었을까 짐작됩니다.

한강에 용이 나타났던 이 사건에서 기루왕이 죽고 새로운 왕이 즉위했다고 보는 의견이 있습니다. 그런데 새롭게 즉위한 왕의 기록은 없고, 기루왕으로 계속 기록되어 있습니다. 그래서 기루왕의 나이가 비정상적으로 많게 기록되었을 가능성을 제기하는 겁니다.

앞에서 백제의 2대부터 8대 왕까지는 재위기간이 길어서 중간에 빠진 왕이 있을 가능성을 제기했잖아요. 바로 이런 부분에서 그런 가능성을 제기하는 겁니다. 중간에 빠진 왕이 있지 않고서입니다. 이 중 북한산성에 대한 이야기와 신라 아찬 길선에 대한 이야기 이외에는 그렇게 중요한 이야기가 없습니다. 재위기간이 그렇게 짧은 것도 아닌데 재위기간에 비해 기록이 정말 없는 편이긴 합니다.

> 28년(155) 겨울 10월에 신라의 아찬 길선이 반란을 도모하다가 일이 탄로나자 도망해 왔다. 신라왕이 글을 보내 그를 돌려보내 달라고 청하였으나 보내지 않았다. 신라왕이 노하여 군사를 이끌고 쳐들어왔으나 여러 성이 성벽을 굳게 하여 지키기만 하고 나가 싸우지 않으니, 신라 군사들은 군량이 떨어져 돌아갔다.
>
> 『삼국사기』 백제본기 제1권

> [아달라 이사금] 12년(165) 겨울 10월에 아찬 길선이 반란을 모의하다 발각되자, 사형에 처해질 것을 두려워하여 망명하여 백제로 갔다. 왕이 서신을 보내 길선을 돌려보낼 것을 요청했는데, 백제가 듣지 않자 왕이 노하여 군대를 보내어 백제를 공격하였다.
>
> 『삼국사기』 신라본기 제2권

그리고 심지어 신라 아찬 길선에 대한 기사는 연도도 잘못 표기되어 있습니다. 『삼국사기』 신라본기와 교차검증을 하면 10년의 차이가 있어 실제로는 개루왕 재위 28년이 아니라 재위 38년의 기사라고 합니다. 그러니까 꽤 오랜 기간의 기록이 빠져 있는 겁니다.

개루왕의 업적이라고 할만한 일은 재위 5년에 북한산성을 쌓은 일입니다. 이 북한산성은 포털사이트에 검색하면 경기도 고양시에 있는 북한산성이 개루왕 때 축성한 산성이라고 나옵니다. 그런데 최근의 연구결과에 의하면 아차산성 발굴 조사에서 북한산성이라고 쓰인 기와가 출토되어 개루왕이 축성한 북한산성은 아차산성임이 유력해졌습니다. 후에 등장하는 개로왕이 아차산성에서 사망하는데요, 이를 보면 백제에서 쌓은 산성은 아차산성일 가능성이 더 높습니다.

개루왕은 뒤에 오는 개로왕과 이름이 비슷해 개루왕의 기록이 사실 개로왕의 기록일 것이라는 이야기도 있습니다. 실제로 개로왕의 기록에서 "근개루라고도 불렸다."라는 기록이 있어 이런 부분을 의심해 볼 만합니다. 그래도 일단 개루왕이 『삼국사기』에 기록되어 있으니 실존한 왕이라고 믿습니다.

개루왕의 기록에서 살펴볼 부분은 개루왕의 성품기록과 도미 부부 설화입니다. 개루왕 즉위 기사에 개루왕의 성품이 나와 있습니다. "성품이 공손하고 온순하며 행실이 단정하였다." 굉장히 좋은 내용이 쓰여 있죠? 이 내용 잘 기억하시고 도미 부부 설화로 넘어가 보겠습니다.

개루왕 통치 기간에 도미라는 사람이 살고 있었습니다. 도미의 부인이 엄청난 미인이라고 소문이 났는데, 이 소문이 개루왕에게도 닿았습니다. 개루왕은 도미 부인을 보고 싶어 데려오게 했습니다. 그런데 도미가 개루왕의 속내를 알고 부인을 빼앗기기 싫어 종을 보냈습니다. 도미 부인도 남편을 두고 왕에게 가기 싫었기 때문에 종을 보냈습니다. 개루왕은 도미 부인이 아닌 종이 왔다는 사실을 알고 화가 나서 도미의 눈을 뽑고 배에 태워 강에 떠내려가게 했습니다. 그 후 도미의 부인을 강제로 데려왔습니다. 왕이 잠자리를 하려고 할 때마다 도미 부인은 그날이라는(월경) 핑계를 대고 거절했습니다. 그리고 몰래 궁을 나와 고구려로 도망쳤습니다. 도미 부인은 고구려에서 남편 도미와 극적으로 상봉했고, 둘은 고구려 사람들의 도움을 받아 살아갔다고 합니다.

제가 개루왕의 성품을 잘 기억하라고 했죠? 공손하고 온순하며 행실이 단정한 사람이 한 짓이라고 생각할 수 있나요? 이렇게 앞뒤가 맞지 않는 기록 때문에 개루왕의 기록과 개로왕의 기록이 혼용됐다고 의심하는 사람들이 나옵니다. 도미 부부 기록만 보면 진짜 못된 사람이지 않나요? 근데 즉위기사의 성품에 대한 기록은 한없이 좋은 사람이니, 어떤 기록을 믿어야 할지 모르겠습니다.

이 기록을 보고 제 개인적인 생각을 덧붙이자면, 만약 개루왕의 기록과 개로왕의 기록이 혼용됐다면 도미 부부 이야기는 개로왕 때 이야기일 수도 있습니다. 일단 개루왕 때는 백제에서 고구려로 가는 길 중간에 대방이라고 하는 한 4군*이 존재하고 있어서 바로 고구려로 안전하게 도망가기 어려웠을 것이라고 합니다. 그래서 백제와 고구려의 국경이 맞닿아 있던 개로왕 때라면 충분히

---

* 한 4군: 고조선 멸망 후 그 땅에 한(漢)나라가 세운 지방정권.

가능한 이야기일 수 있습니다. 그리고 뒤에서 이야기하겠지만, 개로왕은 고구려 장수왕의 침입에 대응하지 못하고 수도를 빼앗기고 자신의 목까지 잘립니다. 이렇게 고구려하고 사이가 좋지 않았기 때문에 고구려에서 개로왕에 대해 안 좋은 이야기를 남겼을 수도 있다고 생각합니다. 그 증거로 고구려 사람들이 도미 부부를 잘 챙겨줬다고 하잖아요. 나쁜 백제왕에게 안 좋은 일을 당한 도미 부부를 마음씨 좋은 고구려 사람들이 챙겨줬다는 이야기를 통해 백제의 이미지에 흠집을 내고 고구려의 이미지를 좋게 하려는 의도가 있지 않을까 생각됩니다. 이건 정말 제 개인적인 생각입니다.

또 한 가지, 앞에서 잠깐 언급한 아차산성이 있죠. 나중에 개로왕이 여기서 사망한다고 했는데, 개루왕과 개로왕 모두 아차산성과 관련이 있네요. 이런 걸 보면 정말 두 사람의 관계가 궁금해집니다. 혹시 개루왕이 나중에 개로왕으로 환생한 건 아닐까요? 정말 많이 궁금합니다.

아무튼 이렇게 의문을 남긴 개루왕은 재위 39년이 되던 해에 사망합니다. 진짜로 존재했던 왕인지 아닌지 의심을 받고 있지만, 『삼국사기』에 이름을 남겼으니 일단 있던 왕이라고 믿어줄까요?

초고왕, 구수왕

* 초고왕 재위: 166~214
* 구수왕 재위: 214~234

　초고왕은 조금 익숙하지 않으세요? 앞에서 초고왕계 이야기하면서 잠깐 언급했고, 뒤에 나오는 근초고왕과도 이름이 비슷합니다. 근초고왕은 교과서에 중요한 인물로 서술되어 있죠. 그래서 들어봤을 수 있습니다.

　초고왕과 구수왕은 뒤에 나오는 근초고왕, 근구수왕과 이름이 비슷합니다. 그래서 이들 간에 무언가 연관이 있지 않을까 생각되지만, 정확히 밝혀진 건 아무것도 없습니다. 뒤에서 언급하겠지만 근초고왕이 아마 고이왕계와 왕위를 두고 엎치락뒤치락하다가 고이왕계를 완전히 근절하고 초고왕계를 부활시켜서 '근초고'라고 이름을 지은 것이 아닐까 추정됩니다. 초고왕과 구수왕은 부자 관계인데, 근초고왕과 근구수왕 또한 똑같이 부자 관계입니다. 신기하죠? 그래서 뭔가 반드시 연관되어 있지 않을까 생각합니다.

사실 초고왕과 구수왕은 이런 이야기 빼면 딱히 크게 할 이야기는 없습니다. 앞의 여러 왕과 마찬가지로『삼국사기』에 기록이 크게 없습니다. 그래서 이번 장은 간단하게 이야기하고 넘어갈까 합니다.

> 초고왕(소고라고도 한다.)은 개루왕의 아들이다. 개루왕이 재위 39년에 돌아가시자 왕위를 이었다.
>
> 『삼국사기』백제본기 제1권

초고왕은 최초로 부여 씨를 사용한 왕으로 추정합니다. 왜냐하면 앞에 세 명의 왕과 다르게 '루'가 들어가지 않은 왕이기 때문입니다. 세 명의 왕이 연달아 '루'가 들어가다가 갑자기 들어가지 않기 때문에 이런 추정이 가능한 거죠. 그래서 초고왕은 앞의 세 명의 왕들과 집안이 달랐을 것으로 추정됩니다. 앞에서 온조왕에 대해 이야기하면서 해부루와 해모수 계열로 나뉘었다고 했던 거 기억하시나요? 앞의 세 왕은 온조와 다른 비류계 사람이고, 초고왕이 바로 온조계 사람이라는 학설이 있습니다. 일단 즉위 기사에 맏아들이라는 단어가 없고 그냥 아들이라고 적혀 있죠? 그러면 의심해 봐야 합니다. 비류가 죽고 미추홀에 있던 사람들이 온조의 십제로 왔다고 했잖아요. 이때 비류계 사람들도 같이 왔고, 이들이 왕위를 잇지 않았을까 생각됩니다. 그게 다루, 기루, 개루고요.

그러다가 점차 온조계와 마찰이 있었고 그 마찰로 인해(아니면 자연스럽게) 왕위가 온조계로 넘어가지 않았을까 생각됩니다. 그래서 해 씨에서 부여 씨로 바뀌었고, 초고왕이 최초의 부여 씨 왕이 되지 않았을까 생각됩니다. 이런 생각은 제 개인적인 의견입니다.

> 2년(167) 가을 7월에 몰래 군사를 보내 신라의 서쪽 변경에 있는 두 성을 습격하여 쳐부수고 남녀 1,000명을 사로잡아 돌아왔다.
> 2년(167) 8월에 신라왕이 일길찬 흥선을 보내 군사 20,000명을 거느리고 나라 동쪽의 여러 성으로 쳐들어왔다. 신라왕도 몸소 정예 기병 8,000명을 거느리고 뒤를 이었는데, 순식간에 한수까지 이르렀다.
> 5년(170) 겨울 10월에 군사를 내어 신라의 변경을 침공하였다.
> 24년(189) 가을 7월에 우리 군사가 신라와 구양에서 싸워 패배하였는데, 죽은 자가 500여 명이었다.
> 25년(190) 가을 8월에 군사를 내어 신라 서쪽 국경의 원산향을 습격하고, 나아가 부곡성을 포위하였다.
> 39년(204) 가을 7월에 군사를 내어 신라의 요거성을 공격하여 함락시키고, 성주 설부를 죽였다. 신라의 왕 나해가 노하여 이벌찬 이음을 장수로 삼아 6부의 정예군사를 거느리고 와서 우리의 사현성을 공격하게 하였다.

『삼국사기』 백제본기 제1권

초고왕 때는 신라와 사이가 좋지 않았습니다. 왜냐하면 앞에 개루왕이 신라의 아찬 길선을 숨겨준 일 때문에 사이가 멀어졌기 때문입니다. 신라의 아찬 길선은 신라 내에서 반란을 도모했다가 백제로 도망친 사람입니다. 이때 신라에서 길선을 보내달라고 했는데 개루왕은 요청을 들어주지 않았습니다. 그 이후로 백제와 신라는 사이가 안 좋았고, 초고왕 때도 계속 사이가 좋지 않았습니다. 그래서 계속 전투가 이어졌습니다. 기록을 보면 서로 치고받고 하죠. 초고왕은 이렇게 신라와 싸우다가 재위 49년이 되던 해에 사망했습니다.

초고왕이 죽은 후 그의 아들 구수왕이 왕위를 이었습니다.

> 구수왕은 초고왕의 맏아들로서 키가 7척이며 위엄과 거동이 빼어났다. 초고왕이 재위 49년(214)에 돌아가시자 왕위에 올랐다.
>
> 『삼국사기』 백제본기 제2권

구수왕은 초고왕의 맏아들이라고 기록되어 있습니다. 그러니 명확하게 초고왕의 아들이 맞겠죠? 그리고 키가 7척이라고 합니다. 현재 기준으로 1척은 30센티미터입니다. 여기에 7을 곱하면 210센티미터가 나오네요. 우와 키가 엄청 컸네요. 그런데 고대 기준은 현재 기준보다 적게 봐야 해서 190~200센티미터 정도가 아니었을까 생각됩니다. 지금 저 키라고 해도 굉장히 큰 키인데, 당시에는 정말 크게 느껴졌을 겁니다. 큰 키를 가진 왕이다 보니 더욱더 위엄 있어 보였겠죠. 이렇게 큰 키에 위엄을 가진 구수왕이 왕위에 올랐습니다.

> 3년(216) 가을 8월에 말갈이 와서 적현성을 에워쌌다.
> 5년(218)에 왕이 군사를 보내 신라의 장산성을 에워쌌다.
> 7년(220) 겨울 10월에 말갈이 북쪽 변경을 노략질하므로 군사를 보내 막았다.
> 9년(222) 겨울 10월에 군사를 보내 신라의 우두진으로 들어가 민가를 약탈하였다.
> 16년(229) 11월에 말갈이 우곡경계에 들어와 사람과 재물을 약탈하였다 (중략) 우리 군사가 크게 졌다.
>
> 『삼국사기』 백제본기 제2권

신라와의 전투는 구수왕 때에도 이어졌습니다. 구수왕 때는 신라뿐만 아니라 말갈과의 전투도 이어졌습니다(여기서 말갈은 나중에 여진족이라고 불리는 말갈족이 아닐 수도 있다고 합니다). 구수왕은 재위 16년에 말갈에게 크게 졌고, 이후로 『삼국사기』 초기 백제 기사에서 말갈과의 전투 기사는 찾아볼 수 없게 되었습니다. 구수왕 때는 신라, 말갈과의 전투뿐만 아니라 자연재해의 기록도 많이 보입니다. 잦은 전투와 자연재해로 백성들은 지칠 대로 지쳤고, 결국 왕권의 추락과 함께 초고왕계의 몰락으로 이어졌습니다. 민심이 이반됐으니 정변도 쉬웠겠죠? 그래서 뒤에 오는 고이왕이 정변을 통해 집권할 수 있게 되었습니다.

이제 초고왕계와 고이왕계의 왕위 쟁탈전이 시작됩니다. 기대 되시나요?

사반왕, 고이왕

* **사반왕 재위**: 234
* **고이왕 재위**: 234~286

사반왕과 고이왕은 『삼국사기』에 함께 기록되어 있습니다. 왜 그럴까요?

고이왕은 한국사를 공부하신 분이라면 친숙한 왕일 겁니다. 백제 초기 나라의 기틀을 다진 사람으로 배웁니다. 교과서에 서술되어 있는 고이왕은 6좌평 16관등제를 정비하고, 공복제도를 정비해 왕권을 강화했고, 율령을 반포한 왕입니다. 또한 한강 유역을 장악했다고 배우기도 합니다. 여기까지가 우리가 배운 고이왕의 내용입니다.

고이왕은 제가 백제왕들에게 관심을 갖게 된 결정적 역할을 한 왕인데요, 왜냐하면 즉위부터 의문점이 많은 왕이기 때문입니다. 한국사를 공부하면서 고이왕은 그냥 초기에 국가의 기틀을 닦은 왕으로만 공부했고, 그 이면에 어떤 일들이 있었는지 생각조차 하지 못하고 있었는데, 우연한 기회로 고이왕 즉위에 대한 내용을 접하면서 흥미를 느끼게 되었습니다. 고이왕을 시작으로 다른 백제 왕들에 대해 관심이 생겼고, 이렇게 책까지 쓰게 되었습니다.

그러면 고이왕의 어떤 내용들이 저를 백제 왕에 빠지게 만들었는지 같이 살펴보겠습니다. 먼저 고이왕 즉위에 관한 기록을 보도록 하겠습니다.

— 고이왕은 개루왕의 둘째 아들이다. 구수왕이 재위 21년 만에 돌아가시고 맏아들 사반왕이 왕위를 이었으나 어려서 정치를 할 수 없었으므로 초고왕의 동복 아우 고이가 왕위에 올랐다.

『삼국사기』 백제본기 제2권

『삼국사기』 백제본기에는 사반왕이 어려서 정치를 할 수 없어 고이가 왕위에 올랐다고 기록되어 있습니다. 마치 사반왕이 어려서 자의에 의해서 고이왕에게 왕위를 넘겨준 것처럼 기록되어 있습니다. 그런데 『삼국유사』에는 기록이 조금 다릅니다.

— 사비왕(사반왕)은 구수왕이 죽은 뒤에 왕위를 계승했으나 나이가 어려서 정사를 보살필 수가 없었으므로 즉시 폐하고

고이왕을 세웠다. 혹은 낙초* 2년 기미에 사비왕이 죽자 고이왕이 왕위에 올랐다고 한다.

『삼국유사』

『삼국유사』에는 위와 같이 적혀 있습니다. 여기에서는 사반왕을 '폐하고' 고이왕을 세웠다는 기록과, 사반왕이 '죽자' 고이왕이 왕위에 올랐다고 하는데요, 『삼국사기』와는 뉘앙스가 조금 다르죠? 『삼국사기』에서는 사반왕이 고이왕에게 왕위를 넘겨준 것처럼 기록되어 있지만, 『삼국유사』에는 사반왕의 신변에 어떤 문제가 생겼고, 이후 고이왕이 왕위를 이은 것처럼 기록되어 있습니다.

학자들은 이 기록들을 토대로 사반왕에서 고이왕으로 넘어가는 과정이 순탄치만은 않았던 것으로 추정합니다. 또한 사반왕이 어려서 고이왕이 잠깐 대신해서 정사를 돌본 것이라면 사반왕이 성장 후 고이왕은 사반왕에게 왕위를 물려주어야 하거나 고이왕 사후 사반왕의 후손에게 왕위를 넘겨주어야 합니다. 하지만 고이왕은 자신의 아들인 책계왕에게 왕위를 물려줍니다. 이를 봐도 정상적인 방법이 아닌 정변을 통해 왕위를 차지했음을 짐작해 볼 수 있습니다. 사반왕이 즉위하자마자 고이왕에게 왕권이 넘어갔기 때문에 두 왕이 같이 기록되어 있는 겁니다.

고이왕이 왕위에 오르면서 초고왕계가 끊기고 고이왕계가 새

---

* 우리나라와 중국에서 '낙초'라는 연호를 쓴 적이 없어서, 정확히 누가 쓴 연호인지 알 수 없습니다.

롭게 시작됩니다. 고이왕계는 고이왕(8대)-책계왕(9대)-분서왕(10대)-계왕(12대)으로 이어지는 족보를 말합니다. 이렇게 초고왕계와 고이왕계가 나눠지는 걸 보면 당시에 백제 왕실 사이에 두 세력이 갈라졌고, 이들 사이에 왕위계승에 관한 분쟁이 있었음을 추측할 수 있습니다. 그리고 고이왕은 구수왕 때 정상적인 왕위 서열에 있던 사람은 아닐 것으로 생각됩니다. 그러니까 정변을 일으켜 왕위를 이었겠죠?

특히 분서왕(10대)-비류왕(11대)-계왕(12대)-근초고왕(13대)으로 이어지는 과정을 보면 고이계-초고계-고이계-초고계가 엎치락뒤치락합니다. 이를 보면서 이 시기 왕위계승을 두고 두 세력 사이에 얼마나 치열한 분쟁이 있었는지 짐작이 되시죠?

앞에서 초고왕이 부여 씨일 가능성을 제기했죠. 그런데 고이왕은 우 씨였을 가능성이 있습니다. 이것만 봐도 고이왕의 정변 가능성이 높아집니다. 왜 우 씨로 추정하냐, 『삼국사기』 기록 때문입니다. 고이왕 재위 27년 기사에 아우인 우수를 내신좌평으로 삼았다는 내용이 나옵니다. 우수의 '우'가 성이기 때문에 고이왕 또한 우 씨라고 생각합니다. 물론 우수가 전부 이름이고 성씨는 따로 있을 수도 있습니다. 그런데 『삼국사기』 백제 기록들을 보면 보통 이름만 적혀 있는 경우는 없고 성까지 같이 적혀 있기 때문에 우수는 우 씨일 가능성이 높습니다.

초고왕, 구수왕처럼 부여 씨도 아니고, 다루왕, 기루왕, 개루왕처럼 해 씨도 아니고 뜬금없이 우 씨가 왕이 되었기 때문에 고이왕은 왕위 계승서열에서 많이 벗어나 있던 사람이었고, 그렇기 때문에 고이왕의 즉위가 정상적인 방법이 아닐 것으로 생각하는 겁니다.

> 5년(238) 여름 4월에 왕궁의 문기둥에 벼락이 쳤는데, 누런 용이 그 문으로부터 날아갔다.
>
> 『삼국사기』 백제본기 제2권

또 다른 기록에서도 정변의 가능성을 엿볼 수 있습니다. 마찬가지로 『삼국사기』 기록인데요, 재위 5년에 왕궁의 문기둥에 벼락이 쳤는데, 노란 용이 그 문으로부터 날아갔다고 합니다. 앞에서 이야기했듯이 백제는 왕실을 용에 비유했습니다. 노란 용은 직계가 아닌 방계를 상징한다고 합니다. 그래서 직계에서 왕위를 이은 것이 아닌 방계였던 고이왕이 정변을 통해 왕이 되지 않았을까 추정합니다.

이렇게 방계였던 고이왕이 정변에 성공할 수 있었던 배경에는 초고왕, 구수왕 때 계속된 신라와의 전투와 자연재해로 인한 민심의 이반이 있었습니다. 백제는 신라와의 전투를 위해 일반 백성을 징발했을 것입니다. 그들의 대부분은 농민이었겠죠. 전투를 통해 많은 사상자가 발생했고, 전투에 참여하느라 농사도 제대로 짓지 못해 생활이 힘들어졌을 것입니다. 이런 와중에 자연재해까지 겹치니 백성들의 삶이 얼마나 힘들지 상상이 되죠? 이렇게 삶이 힘들면 그 화살이 왕에게 돌아갈 수밖에 없습니다. 왕은 백성을 돌볼 의무가 있는데 그러지 못했으니 점점 민심은 왕에게서 멀어져 갔고, 이런 배경에서 고이왕의 정변이 성공할 수 있지 않았을까 생각합니다.

　정변으로 왕위에 오르면 꼭 해야 하는 일이 정변의 정당성 확보입니다. 정상적인 방법으로 왕위에 오른 게 아니기 때문에 반대세력이 많았을 것이고, 그 사람들을 설득해야 했습니다. 고이왕의 『삼국사기』 기록을 보면 재위 초반에 사냥과 제사 기록이 있습니다. 고이왕은 이 두 개를 이용해 왕위를 정당화시키려고 했던 것 같습니다. 당시 백제는 사냥을 왕의 중요한 자질로 생각했다고 합니다. 그래서 고이왕은 사냥을 통해 자신의 강인함을 드러내려고 하였고, 제사를 통해 왕권의 정통성을 확보하려고 하였습니다.

　고이왕이 정변으로 왕위에 올랐다 보니, 나이 논란의 중심에도 서 있습니다. 『삼국사기』 기록에 의하면 고이왕은 개루왕의 둘째 아들이라고 합니다. 그런데 대충 계산해 보니 나이가 조금 이상합니다. 일단 고이왕의 출생 연도는 알 수 없습니다. 그래서 재위기간으로 계산해 봐야 하는데, 고이왕의 재위기간은 234년부터 286년으로 총 52년 동안 왕위에 있었습니다. 물론 52년 동안 오래오래 왕위에 있을 수 있습니다. 문제는 재위기간이 아닙니다. 『삼국사기』 기록에 개루왕의 아들이라고 했잖아요. 개루왕이 언제 사망하느냐, 166년에 사망합니다. 자 그럼 계산을 해봅시다. 일단 개루왕의 사망 연도와 고이왕의 재위 연도를 계산해 보면, 고이왕이 개루왕이 사망한 해에 태어났다고 해도 68세에 왕위에 오릅니다. 왕위에 올랐을 때 나이가 68세입니다. 뭐 많이 양보해서 늦게 왕이 됐다고 칩시다. 고이왕의 재위기간이 52년이라고 했으니, 68세부터 사망까지의 나이를 계산해 봅시다. 응? 120세가 나오네요. 고이왕이 장수를 했던 걸까요?

학계에서는 그렇게 보지 않습니다. 고이왕이 어떠한 정변을 통해 왕위에 올랐을 것으로 추정하잖아요. 왕이 정변으로 왕위에 오르면 일단 반대세력이 많고, 여론도 좋지 않을 가능성이 있습니다. 그래서 자신이 왕위에 오른 후 정당성을 입증해야 하고, 정통성도 입증해야 합니다. 그런 차원에서 개루왕의 아들이라고 하지 않았을까 추정합니다. 또는 뒤에 역사서를 작성하면서 왕계를 정리하는데, 이때 고이왕의 정통성 확보를 위해 그렇게 기록했을 가능성도 있습니다.

정변을 통해 왕위에 올랐고, 개루왕의 둘째 아들이라고 하며 정통성을 주장했던 고이왕은 왕권 강화와 국가 기틀을 잡기 위한 정책을 시행합니다. 앞부분에서 잠깐 설명해 드렸던 업적들인데, 하나하나 보도록 하겠습니다.

학교에서 고이왕을 배울 때 가장 먼저 배우는 업적이 6좌평 16관등제 정비와 공복의 제정입니다. 6좌평은 현재 장관급 인사들이라고 생각하시면 쉽습니다. 그리고 16관등제는 관료들의 등급을 16개로 나누어 서열을 정한 것이고, 공복의 제정은 등급에 따라 옷 색깔을 정해준 것을 말합니다.

— 27년(260) 봄 정월에 내신좌평을 두어 왕의 명령을 알리고 보고하는 일을 맡겼다. 내두좌평을 두어 창고와 재정에 관

한 일을 맡게 하고, 내법좌평을 두어 예법과 의례에 관한 일을 맡게 하고, 위사좌평을 두어 왕과 궁궐을 지키는 군사 업무를 맡게 하고, 조정좌평을 두어 형벌과 감옥에 관한 일을 맡게 하고, 병관좌평을 두어 대외 군사 업무를 맡게 하였다. 27년(260) 2월에 영을 내려 6품 이상은 자주색 옷을 입고 은꽃으로 관을 장식하며, 11품 이상은 붉은색 옷을 입고, 16품 이상은 푸른색 옷을 입게 하였다.

『삼국사기』 백제본기

 백제뿐만 아니라 고구려와 신라를 포함한 삼국은 건국 초에는 부족 연합으로 이뤄져 있었습니다. 신석기시대부터 시작된 부족 생활이 확대되고 발전되면서 부족들의 연합인 연맹국가 형태가 되었고, 그중 강력한 왕이 나오기 시작하면서 점차 중앙집권국가의 모습을 갖춰가게 됩니다. 삼국 초기 왕들은 왕권을 강화하기 위해 부족장들의 권력을 약화시켜야 했습니다. 그래서 시행한 정책 중 하나가 귀족(부족장)을 부족적 성격에서 행정적 성격의 관료로 전환시키는 것입니다.

 이게 왜 왕권강화인지 이해하려면 일단 연맹국가의 성격부터 파악해야 합니다. 연맹국가는 말 그대로 부족들의 연맹으로 만든 국가입니다. 초반에는 부족장들이 돌아가면서 왕을 맡았고, 그래서 왕권이 우리가 생각하는 왕의 이미지처럼 강하지 않았습니다. 그래서 예전에는 귀족 회의에서 왕을 폐위시키기도 했습니다. 그런데 점차 한 부족이 강해지게 되고, 왕위를 독점하게 되면서 왕권이 조금씩 강해지기 시작했습니다. 그러면서 연맹국가에서 중앙집권국가로 성격이 변해가게 됐죠. 이런 상황에서 부족장들을 확실히 자신의 밑에 넣으려면 이 부족장들의 성격을 변화시켜야 합니다. 한 부족을 이끄는 수장의 성격에서 왕에게 충성하는 관료로 성격을 바꾸어야 하는 거죠. 그래서 관료체제를 정비하는 겁니다. 고이왕은 중앙집권체제를 정비하면서 관료체제를 정비했습니다.

 삼국 모두 국가 초기 이런 이유에서 개혁을 시행했습니다. 고구려에서는 고국천왕이 부족적 성격의 5부를 행정적 성격의 5부로 바꾸었고, 신라에서는 유리이사금이 6촌을 6부로 바꾸었습니다.

 이렇게 성격을 변화시키고 난 후 옷 색깔까지 정했습니다. 관료들에게 자유롭게 옷을 입을 수 있게 하지 않고, 등급별로 옷 색깔을 정해준 거죠. 지금 우리나라 대통령이 공무원들의 옷 색깔을 급별로 정해준다고 생각해 보세요. 지금이라면 민주주의에 역행하는 정책이라며 탄핵될 수 있습니다. 하지만 당시는 민주주의의 개념이 등장하기 한참 전이었으니 이런 정책을 시행할 수 있었습니다. 백제 고이왕은 이렇게 관료들의 옷 색깔에 자유를 주지 않음으로써 관료들의 위에 서게 되었고, 왕권을 강화할 수 있었습니다. 그리고 옷 색깔에 차등을 두게 되니 관료들 사이에서도 알아서 위계가 잡히게 되었고 정치체제가 안정될 수 있었습니다.

 좌평은 16등급 중 가장 높은 등급의 직책을 말합니다. 지금으로 따지면 장관 정도 되는 위치라고 생각하시면 됩니다. 기록에는 고이왕 때 여섯 개의 좌평이 모두 만들어진 것으로 되어 있지만, 보통은 고이왕 때는 좌평의 개수가 다섯 개 정도 있었을 것으로 추측하고 이후에 점차 정치조직이 확대되면서 6좌평이 완성되었을 것으로 추측합니다. 그리고 점점 좌평의 개수가 늘어나 의자왕 때는 41의 좌평이 설치된 것으로 봅니다. 의자왕이 자신의 서자 41명을 좌평에 임명했다는 기록이 남아 있기 때문입니다. 시간이 흐르면서 건국 초기보다 국가가 복잡해지고 정치체제도 확대됐겠죠. 그에 따라 업무가 확대되고 세분화됨에 따라 당연히 관직의 개수도 늘어났겠죠. 그래서 좌평의 개수가 점차 늘어났을 것입니다.

고이왕은 민심을 달래는 일도 했습니다. 고이왕 즉위 15년 봄과 여름에 가뭄이 들어 겨울에 백성들이 굶주리게 되었습니다. 고이왕은 이에 창고를 열어 가난한 백성을 도와주었다고 합니다. 또한 1년의 조세를 면제해 줬다고 합니다. 반란으로 왕이 되었으니 민심을 달래 지지를 얻을 필요가 있었겠죠?

고이왕은 대외적으로도 자신의 위치를 확고히 합니다. 246년 중국 위나라의 관구검이 고구려를 공격하는 사건이 발생합니다. 당시 고구려의 왕은 동천왕이었는데요, 위나라와 고구려 사이에 있던 공손 씨 세력이 소멸하면서 국경을 맞대게 되자 동천왕이 위나라를 먼저 공격합니다. 이에 위나라가 고구려를 침략하였습니다. 이때 동천왕은 옥저까지 피난을 가는 등 위기를 겪지만 고구려의 장수 밀우와 유유의 활약으로 고구려는 위기를 극복했습니다.

관구검은 고구려를 침략할 때 낙랑태수와 함께 갔는데요, 고이왕은 낙랑태수가 자리를 비운 틈을 노려 낙랑의 변방을 공격하여

주민들을 잡아 왔습니다. 낙랑은 중국의 한나라가 고조선을 멸망시키고 세운 4군 중 하나로 평양 근처에 있었을 것으로 추정합니다. 고이왕의 이런 행적은 고구려와 낙랑의 미움을 샀고, 고이왕은 이들에 맞서기 위해 대방과 연결해 자신의 아들을 대방태수의 딸과 혼인시키기도 하였습니다.

고이왕은 이후 신라를 공격하여 승리하였습니다.

- 22년(225) 가을 9월에 군사를 내어 신라를 쳤다. 신라의 군사와 괴곡 서쪽에서 싸워 이기고 그 장수 익종을 죽였다.
  22년(225) 겨울 10월에 군사를 보내 신라의 봉산성을 쳤으나 이기지 못하였다.

『삼국사기』 백제본기 제2권

당연히 공격 후에 사이가 좋지 않았겠죠. 그래서 화친을 요청하지만 신라에서 듣지 않았다고 합니다.

- 28년(261) 3월에 사신을 신라로 보내 화친하자고 청하였으나 신라가 듣지 않았다.
  33년(266) 가을 8월에 군사를 보내 신라의 봉산성을 공격하였다. 성주 직선이 힘센 군사 200명을 거느리고 나와 치니 우리 군사가 졌다.
- 53년(286) 봄 정월에 사신을 신라로 보내 화친을 요청하였다.

『삼국사기』 백제본기 제2권

병 주고 약 주는 것도 아니고 공격하고 화친을 요청하니 저 같아도 안 받아줬을 것 같아요. 이후 고이왕이 몇 차례 더 신라를 공격하는 기록이 보입니다. 왜 자꾸 공격했을까요? 일단 그 시기가 원래 정복전쟁이 활발하던 시기였습니다. 고대 왕들의 업적을 보면 영토확장이 많은데요, 그냥 그 시기가 정복전쟁을 통해 영토를 확장하고, 중앙집권국가를 형성하던 시기였습니다.

제가 생각할 때는 고이왕이 정변을 통해 왕위에 올랐으니 내부의 혼란을 잠재우고 사람들의 관심과 시선을 외부로 돌릴 필요가 있지 않았을까 싶습니다. 그래서 활발하게 정복전쟁을 벌였던 것 같습니다. 하지만 고이왕의 정복사업은 크게 성공하지는 못했습니다.

교과서에서 배우는 고이왕의 유명한 업적 중 율령 반포가 있습니다.

> 29년(262) 봄 정월에 영을 내려 무릇 관리로서 재물을 받거나 도둑질한 자는 장물의 3배를 징수하고 죽을 때까지 벼슬길에 못 나오게 하였다.
>
> 『삼국사기』 백제본기 제2권

이 기록은 죄를 지은 사람에 대해 법으로 처리하는 내용을 담고 있습니다. 고이왕 기록에 정확히 '율령'이라는 단어가 등장하지는 않지만 율령을 반포했다고 배우는 이유는 이런 기록 때문입니다. 율령은 법을 말합니다. '율'은 형법, '령'은 행정법을 이야기합니다. 한 나라에 법이 없다면 어떻게 될까요? 작은 사회에서는 굳이 법을 만들지 않아도 관습적으로 내려오는 규칙이 있어서 질서가 잡히겠지만 국가의 규모가 커지면 이런 가벼운 규칙만으로는 사회의 질서가 잡히지 않습니다. 또한 지역마다 내려오는 관습이 달라 국가가 전체적으로 통일되기 어렵습니다. 그렇기 때문에 국가에서 공식적으로 법을 만들어 사회의 질서를 유지해야 합니다. 그게 바로 '율령'입니다. 고이왕은 국가가 점점 커지고 있고, 중앙집권국가를 만들기 원했습니다. 그래서 제대로 된 국가의 모습을 갖추기 위해 법을 만들었을 것으로 생각됩니다.

『삼국사기』 고이왕의 기록 중 제가 좋아하는 기록이 하나 있습니다. 재위 28년 1월 기사입니다.

> 28년(261) 봄 정월 초하룻날에 왕이 자주색 소매가 큰 두루마기와 푸른색 비단 바지를 입고, 금꽃으로 장식한 검은 비단 관을 쓰고, 흰 가죽띠를 두르고, 검은 가죽신을 신고 남당에 앉아서 일을 처리하였다.
>
> 『삼국사기』 백제본기 제2권

고이왕의 모습을 한번 상상해 보세요. 화려하고 멋있지 않나요? 자주색과 푸른색은 예로부터 귀한 색이었습니다. 색을 내는 염료가 비쌌기 때문입니다. 비싼 색의 옷, 게다가 비단으로 된 옷을 입고 금 꽃으로 장식한 비단 관을 쓰고 있는 고이왕의 모습을 상상하면 드라마에 등장하는 매력적인 악역의 모습이 떠오릅니다. 물론 개인마다 느끼는 게 다를 테지만, 저는 그런 모습이 떠오릅니다. 김부식이 『삼국사기』를 기록하면서 굳이 이 내용을 넣은 이유는 무엇일까요? 제가 김부식이 아니라서 정확한 이유는 알 수 없지만 아마 고이왕의 위엄을 드러내고 싶어서 넣지 않았을까요?

고이왕은 특별한 일 없이 자연사하였습니다. 고이왕이 정변을 통해 왕위에 올랐다고 추측하잖아요. 그래서 고이왕에 대해 안 좋게 생각할 수도 있지만, 백제 건국 초기에 체제를 정비해 백제가 중앙집권국가로 성장할 수 있는 발판을 잘 마련했다는 점은 인정받을 만합니다. 고이왕은 정변을 통해 왕이 되었고 그렇기 때문에 자신의 능력을 입증시켜야 했습니다. 제가 생각하기에 고이왕은 자신의 능력을 제대로 보여준 왕 같습니다.

일부 학자들 중에는 고이왕을 백제의 건국시조로 보는 의견도 있고, 온조의 형이었던 비류와 고이왕을 같은 사람으로 보는 의견도 있습니다. 이 이야기는 소수의 의견이라서 그냥 하나의 '썰' 정도로만 알고 계시면 좋을 것 같습니다.

책계왕, 분서왕

* 책계왕 재위: 286~298
* 분서왕 재위: 298~304

> 책계왕은(청계라고도 한다) 고이왕의 아들로서, 몸집이 크고 뜻과 기품이 웅장하고 뛰어났다.
>
> 『삼국사기』 백제본기 제2권

책계왕은 고이왕의 맏아들로 앞에서 이야기했듯이 대방태수의 딸과 혼인한 왕입니다. 책계왕의 아버지 고이왕이 왕위에 있을 당시는 대외적 상황이 안정된 상태는 아니었습니다. 중국에서는 한나라 말기였는데, 생활고에 시달리던 농민들이 노란 두건을 머리에 두르고 봉기한 황건적의 난이 일어났고, 이후 지방 호족들의 권력다툼이 시작되면서 삼국시대가 시작되었습니다. 또한 한반도에는 아직도 고조선 멸망 후 세워진 한 군현이 남아 있었기 때문에 이들의 영향력을 무시할 수 없었습니다. 이러한 시대적 배경 속에서 고이왕이 자신의 아들 책계왕과 대방태수의 딸을 정치적 이유로 혼인시켰다는 이야기는 앞에서 했습니다.

책계왕은 왕위에 오른 후 장인이었던 대방태수의 요청으로 고구려를 공격했습니다.

— 원년(286) 고구려가 대방을 치자 대방이 우리에게 구원을 요청하였다. 이에 앞서 왕이 대방왕의 딸 보과에게 장가들어 부인으로 삼았으므로 말하기를, "대방과 우리는 장인과 사위의 나라이니 그 요청에 응하지 않을 수 없다."라고 하였다. 마침내 군사를 내어 구하니 고구려가 원망하였다.

『삼국사기』 백제본기 제2권

— 13년(298) 가을 9월에 한나라가 맥 사람들과 함께 쳐들어왔다. 왕이 나가서 막다가 적의 군사에게 해를 입어 돌아가셨다.

『삼국사기』 백제본기 제2권

당시 책계왕이 공격했던 지역에 한나라 사람들과 맥인들이 많이 살고 있었는데, 이 사람들이 백제에게 당한 걸 복수하기 위해 백제를 공격했고, 이 과정에서 책계왕은 전사했습니다. 이후 백제와 고구려는 사이가 나빠졌고, 멸망할 때까지 사이가 좋지 않았습니다. 마치 숙명의 라이벌 같은 존재? 앞으로 백제와 고구려는 계속해서 싸우고 서로에게 상처를 남깁니다. 복수에 복수를 거듭한 끝에 승자는 누가 차지했을까요? 결론은 둘 다 아닙니다. 삼국시대의 최후의 승자는 신라였기 때문입니다. 신라가 삼국을 통일하면서 백제와 고구려는 사라졌습니다.

> ― 분서왕은 책계왕의 맏아들로서, 어리지만 총명하고 어질며 거동과 모습이 영특하고 빼어나므로 왕이 사랑하여 곁을 떠나지 못하게 하였다. 왕이 돌아가시자 이어서 왕위에 올랐다.
>
> 『삼국사기』 백제본기 제2권

책계왕이 전투에 나가 사망한 후 아들 분서왕이 왕위에 올랐습니다. 분서왕은 아버지였던 책계왕의 사랑을 듬뿍 받았습니다. 어릴 때부터 총명하고 어질었고, 거동과 모습도 영특해 책계왕이 자신의 곁을 떠나지 못하게 하였다고 합니다. 아버지의 입장에서 내 자식이 저렇게 총명하다면 얼마나 예쁠까요. 자기 자식은 뭘 해도 예쁘겠지만 총명하고 영특하기까지 하면 정말 말도 못 할 정도로 예쁘겠죠?

> ― 원년(298) 겨울 10월에 크게 사면하였다.
>
> 『삼국사기』 백제본기 제2권

이렇게 예쁨을 받으며 자란 후 왕위에 오른 분서왕은 먼저 죄수들을 사면해 줬습니다. 『삼국사기』 원문에 보면 '大赦(대사)'라고 되어 있는데, 이는 나라의 경사스러운 일이 있을 때 죄수들을 석방하거나 감형해 주는 것을 말합니다. 이전 왕이 전투에서 사망했기 때문에 왕권이 흔들릴 수 있었고, 백성들도 전투로 인해 피해를 입었습니다. 이러한 상황에서 왕은 민심을 돌볼 필요가 있었고, 그런 이유에서 대사면을 진행하였습니다.

분서왕은 아버지가 했던 일을 이어서 하려고 하였습니다. 무슨 일이냐 하면 낙랑에 대한 공격입니다. 낙랑은 고조선 멸망(BC108) 후 한나라가 고조선 지역에 세웠던 한 4군 중 하나인데요, 100여 년이 지난 분서왕 때에도 여전히 존재했습니다. 낙랑은 한 4군 중 한반도에 많은 영향을 준 군입니다. 낙랑이 완전히 축출되는 건 얼마 뒤 고구려의 미천왕 때입니다. 낙랑의 위치는 정확히 알 수 없으나 현재 북한의 평양으로 추정하고 있습니다.

고조선 멸망 후 한 4군이 세워지고 이후 부여, 고구려, 옥저, 동예, 삼한이 들어오면서 이 4군현이 완전히 없어진 것으로 오해할 수 있습니다. 교과서에서는 이런 내용에 대해서 자세히 다루지 않기 때문이죠. 한 4군은 부여, 고구려, 옥저, 동예, 삼한이 있던 시기에도 계속 존재했다가 삼국이 체제를 정비하는 과정에서 서서히 축출되거나 멸망하였습니다. 특히 낙랑은 한 4군 중에서도 늦은 시기까지 계속 존재했었습니다. 그래서 분서왕 때도 계속 존재하고 있었습니다.

- 5년(302) 여름 4월에 혜성이 낮에 나타났다.
  7년(304) 봄 2월에 몰래 군사를 보내 낙랑의 서쪽 현을 습격하여 빼앗았다.

> 7년(304) 겨울 10월에 왕이 낙랑태수가 보낸 자객에게 해를 입어 돌아가셨다.
>
> 『삼국사기』 백제본기 제2권

　분서왕은 이 시기 존재했던 낙랑을 공격하였습니다. 『삼국사기』 기록에 보면 낙랑의 서쪽 현을 기습하여 빼앗았다고 합니다. 이에 낙랑의 태수는 앙심을 품고 분서왕이 사냥을 나갔을 때 자객을 보내 암살합니다. 분서왕이 죽기 전 『삼국사기』 기록에는 혜성이 등장하는데요, 옛날에는 이런 자연현상을 나라에 어떠한 일이 벌어질 징조라고 생각했습니다. 그래서 혜성을 상징적으로 기록하지 않았나 싶습니다. 아마 분서왕의 앞날을 예언한 기록이지 않을까요?

　책계왕에 이어 분서왕까지 외부세력에 의해 사망하자 귀족들의 반발심은 커져갔습니다. 고대국가들의 초기 모습을 보면 대부분의 국가에서 왕의 권력이 생각보다 크지 않습니다. 부족들로 이뤄져 있던 연맹왕국의 형태에서 벗어난 지 오래되지 않기 때문인데요, 백제 초기도 마찬가지였습니다. 중요한 정책을 결정할 때 왕이 단독으로 처리하지 않고 귀족들과 회의를 한 후 처리하는 모습들을 볼 수 있습니다. 이때는 국가 초기이니 귀족들의 힘이 백제 후기보다 훨씬 강했습니다. 이런 배경에서 왕이 계속 전투에서 사망을 하니 귀족들이 왕을 볼 때 어떤 생각이 들겠어요.

　왕들이 연달아 외부세력에게 살해당하자 귀족들은 고이왕계가 왕위를 이으면 안 된다는 생각을 하게 되었고, 그래서 다음 왕은 초고왕계에서 나오게 되었습니다. 이때 활약했던 외척세력인 해씨가 권력을 차지하게 되었습니다.

비류왕

* 비류왕 재위: 304~344

왕위는 귀족들에 의해 다시 초고왕계가 차지하게 되었습니다.

> 비류왕은 구수왕의 둘째 아들로서 성품이 너그럽고 인자하여 남을 사랑하고, 또 힘이 세어 활을 잘 쏘았다. 오랫동안 민간에 있었는데, 명성이 자자하였다.
>
> 『삼국사기』 백제본기 제2권

비류왕은 구수왕의 둘째 아들, 사반왕의 동생으로 기록되어 있습니다. 하지만 비류왕은 구수왕 사망 후 70년이 지난 304년에 왕위에 오르고, 재위기간이 40년이기 때문에 시기가 잘 맞지 않습니다. 비류왕이 진짜 구수왕의 아들이라면 구수왕이 사망했을 때 태어났더라도 죽을 때 나이가 최소 110살이 됩니다. 그래서 구수왕의 아들이라는 말은 믿지 않습니다. 아마 분서왕 사망 이후 고이왕 후손에서 구수왕 후손으로 넘어간 것을 이런 식으로 서술한 것이지 않을까 싶습니다.

그리고 민간에 오랫동안 있었다는 기록을 통해 비류왕이 왕위계승에서 한참 떨어진 사람이었음을 짐작할 수 있습니다. 왕위계승에서 밀려나 있던 사람이 왕위에 올랐으니 정통성이 필요했고 그래서 구수왕을 가져오지 않았을까 생각됩니다. 마치 고이왕처럼요.

혹시 '비류'라는 이름을 듣고 생각난 사람 없나요? 맞아요. 백제의 시조 온조의 형 비류가 있었죠. 이 때문에 온조의 형 비류와 지금 이야기하는 비류왕이 같은 사람이라고 이야기하시는 분들도 간혹 계십니다. 하지만 시기상으로 일치하지 않아 이 의견은 주류 의견이 되지 못했습니다. 만약 온조의 형 비류와 지금 비류왕이 같은 사람이라면 기록이 어마어마하게 꼬였다는 이야기겠죠. 비류왕의 재위기간은 304년부터 344년까지이기 때문에 백제 건국 시기인 기원전 18년에 존재했던 비류와 같은 사람일 수 없습니다.

비류왕의 『삼국사기』 즉위기사를 보면 "신하와 백성들의 추대를 받아 왕이 되었다."라고 합니다.

— 분서왕이 돌아가시자, 비록 아들이 있었지만 모두 어려서 왕위에 오를 수 없었으므로 그가 신하와 백성들의 추대를 받아 왕위에 올랐다. —

『삼국사기』 백제본기 제2권

이 기록을 통해 당시 귀족들이 왕위 권력다툼에 개입해 있었고, 비류왕이 귀족들의 도움을 받아 왕이 된 것을 확인할 수 있습니다. 책계왕, 분서왕이 외부세력에게 죽임을 당하자 신하들은 고이왕계에서 더 이상 왕이 나오면 안 된다고 생각했고, 그래서 고이왕계가 아닌 다른 데서 왕위를 이을 사람을 찾았습니다. 그게 민간에 있던 비류왕이었습니다.

- 9년(312) 여름 4월에 동명 사당에 배알하였다. 해구를 병관 좌평에 임명하였다.

『삼국사기』 백제본기 제2권

　바로 앞장 마지막 부분에 외척세력인 해 씨가 권력을 차지한다고 했잖아요. 이 해 씨 세력이 비류왕 즉위에 큰 역할을 하지 않았을까 추정합니다. 그래서 해 씨 세력 중 한 사람인 해구를 병관좌평으로 임명합니다. 나중에 문주왕이 왕위에 오르면서 해구라는 인물이 병관좌평에 오르는데요, 그 사람과는 동명이인이니 헷갈리지 마세요.
　원래 백제의 왕들은 즉위하고 바로 다음 해에 시조인 동명왕과 천지신명에게 제사를 지내야 합니다. 그런데, 비류왕은 즉위 후 9년이 지나서야 시조 동명왕 사당에서 제사를 지냈습니다. 이를 두고 비류왕의 왕위계승 과정이 순탄치 않았다고 추정합니다. 아무래도 왕위계승 다툼 속에서 왕이 되었으니 반대파를 제거하는 등 혼란을 수습할 시간이 필요하지 않았을까 생각됩니다. 그 시간이 9년이나 걸렸던 거죠. 그리고 혼란을 모두 수습한 해에 해구를 병관좌평에 임명했던 겁니다. 혼란을 다 수습했으니 제대로 정치를 시작해야겠죠. 그래서 이때 상징적으로 동명왕 사당도 가고, 해구를 병관좌평에 임명하지 않았을까 생각됩니다.

비슷한 예로 신라의 지증왕이 즉위 후 3년간 즉위식을 거행하지 않았는데, 이 또한 순탄치 않은 왕위계승 과정을 겪었다고 추정합니다. 지증왕은 원래 갈문왕이었는데, 갈문왕은 왕족이지만 왕위계승서열에서 멀어져 있던 사람을 말합니다. 60대의 노령의 나이에 왕위에 올랐음에도 즉위식을 바로 거행하지 않았고, 갈문왕의 지위였던 사람이 왕위에 올랐다는 것으로 왕위계승 과정에서 무언가 있지 않았을까 추정합니다. 지증왕뿐만 아니라 뒤에서 보겠지만 백제의 근초고왕, 개로왕도 비슷하게 즉위기사 이후에 한참 공백기가 있다가 다음 기사가 등장합니다. 그래서 그 사이의 내용을 역사적 상상력으로 추정하는데, 그 기간 동안 내부의 혼란을 수습하지 않았을까 추측합니다.

비류왕의 기록 중 눈여겨볼 만한 기록은 '흑룡'의 출현입니다. 나중에 비유왕 때 다시 한번 등장하는데요, 흑룡의 출현은 왕에게 어떠한 일이 발생할 것임을 나타내는 상징적인 내용입니다. 자연재해는 실제로 일어날 수 있는 것들이지만 흑룡은 실존하는 동물이 아니잖아요. 그렇기 때문에 흑룡이 나타났다는 기록이 보이면 '이 왕에게 무슨 일이 생기겠구나'라고 생각하면 됩니다.

— 13년(316) 여름 4월에 왕도의 우물물이 넘치고 그 안에서 검

— 은 용(흑룡)이 나타났다.

『삼국사기』 백제본기

당시 초고왕계와 고이왕계 사이에 계속해서 권력다툼이 있지 않았을까 추정하고, 그렇기 때문에 비류왕 때 자연재해나 흑룡의 출현 등의 기록을 가볍게 넘겨볼 순 없습니다. 앞에서 백제는 왕실을 용에 비유한다고 계속 이야기했습니다. 노란 용은 방계를 상징한다고 했죠. 그럼 흑룡은 무엇을 상징했을까요? 바로 직계입니다. 흑룡의 출현은 왕족 내부에서 어떠한 권력다툼이 발생했음을 암시한 내용이 아닐까 추정됩니다. 비류왕은 직계가 아닌 방계 중에서도 아주 밖으로 밀려나 있던 방계였습니다. 오랫동안 민간에 있었다는 기록으로 추측해 볼 수 있는데요, 비류왕의 방계세력과 기존 직계세력 간의 어떠한 권력다툼이 있었음을 충분히 암시해 볼 수 있습니다.

비류왕의 성씨를 통해서도 그가 방계 세력이었음을 추측해 볼 수 있습니다. 비류왕 재위 18년 기사에 이복 아우인 우복을 내신좌평에 임명했다는 내용이 있습니다. 고이왕 때도 봤지만 우복은 '우' 씨일 가능성이 높고, 그렇다면 비류왕도 '우' 씨일 가능성이 높습니다. 백제의 왕족은 '부여' 씨인데 우 씨가 등장한다는 것은 비류왕이 직계가 아닐 가능성을 보여줍니다.

— 13년(316) 봄에 가물었다. 큰 별이 서쪽으로 흘러갔다.
28년(331) 봄과 여름에 크게 가물어 풀과 나무가 마르고 강

— 물이 마르더니 가을 7월에 이르러서야 비가 왔다. 이 해에 기근이 드니 사람들이 서로 잡아먹었다.
30년(333) 여름 5월에 별이 떨어졌다. 왕궁에서 불이 나더니 민가까지 잇달아 태웠다.

『삼국사기』 백제본기 제2권

비류왕은 재위기간에 천재지변이 많았습니다. 천재지변은 진짜 자연현상으로 일어났던 천재지변이었을 가능성도 있지만, 재위기간 동안 있던 반란 등을 천재지변으로 서술했을 가능성도 있습니다. 초고왕계와 고이왕계의 권력투쟁이 계속되고 있던 시기였기 때문에 내부에서 계속적으로 혼란이 일어났을 것이고, 이런 혼란들을 자연재해에 빗대 기록했을 가능성이 있습니다. 다른 건 몰라도 '별'에 대한 기록은 정치적 혼란을 이야기할 가능성이 높습니다.

이런 계속된 천재지변으로(또는 혼란으로) 왕권은 불안했고, 백성들은 굶주려 서로 잡아먹기까지 했습니다. 또한 별똥별이 떨어지고 궁궐에서 화재가 발생하는 등의 일도 일어나게 됩니다. 궁궐의 화재는 반대세력에 의한 게 아닐까 추정합니다.

— 30년(333) 가을 7월에 궁실을 수리하였다. 진의를 내신좌평에 임명하였다.

『삼국사기』 백제본기 제2권

궁궐에서 화재가 나고 그다음에 "진의를 내신좌평에 임명하였다."는 기록이 나옵니다. 진 씨는 해 씨가 권력을 잡은 후 뒷전으로 밀렸던 세력입니다. 궁궐 내부에서 이들 사이에 계속해서 권력다툼이 있었고, 이 사건을 계기로 진 씨가 다시 권력을 잡은 것으로 보입니다. 이 권력다툼은 뒤에서 다시 설명하겠습니다.

비류왕은 무려 40년이나 왕위에 있었습니다. 그런데 기록이라고는 자연재해, 흑룡의 출현 등 내실 없는 이야기뿐입니다. 당시 대외적 상황은 아주 혼란했습니다. 중국은 5호 16국이라는 분열기가 시작되었고, 백제의 바로 북쪽은 미천왕이 낙랑을 축출하면서 점차 한반도 안쪽으로 세력을 확장하고 있었습니다. 이런 상황에서 백제가 북쪽 경계를 대비하지 않았을까 싶은데, 『삼국사기』에는 이에 대한 내용은 기록되어 있지 않고, 내부 혼란에 대한 이야기만 있습니다. 이러한 기록들만 봐도 비류왕의 왕권이 그리 강하지 않았다는 걸 짐작할 수 있습니다. 비류왕이 신하와 백성들의 추대를 받아서 왕이 됐다고 했잖아요. 비류왕은 자신의 힘이 아닌 신하들의 힘으로 왕이 된 사람입니다. 그렇기 때문에 자신을 왕 자리에 앉혀준 사람의 눈치를 볼 수밖에 없었겠죠? 그래서 쉽게 왕권을 강화하기 힘들었을 겁니다. 비슷한 예로 조선의 중종과 인조가 있습니다. 두 왕은 반정을 통해 왕위에 올랐는데, 자신을 왕으로 만들어 준 신하들의 힘을 무시할 수 없었습니다. 그래서 왕권이 강하지 않았습니다. 심지어 조광조는 중종에게 성학군주가 되기 위해서 공부를 계속해야 한다며 왕을 귀찮게 하기도 했습니다. 이렇게 신하들의 힘을 빌려 왕이 된 경우에는 왕권 강화 정책을 시행하기 굉장히 힘듭니다.

비류왕이 약한 왕권에 만족했을까요? 그러지 않았을 것으로 생각됩니다. 왜냐하면 이때 초고왕계와 고이왕계의 권력다툼이 끝나지 않았다고 했잖아요. 이 상황에서 왕권이 약해지면 고이왕계로 권력이 다시 넘어가는 일이 발생할 수 있습니다. 비류왕은 왕권 강화를 위해 뭔가 하려고 시도했을 겁니다. 그 시도 중 하나가 이복동생인 '우복'을 내신좌평으로 삼은 것입니다. 왕족을 자기와 가까운 자리에 앉혀 왕권을 안정시키려고 했지만 왕권이 워낙 약했는지 우복이 반란을 일으켰습니다. 다행히도 우복의 반란은 진압되었고, 이후 '진의'를 내신좌평에 임명하였습니다.

진의가 내신좌평에 임명된 후 비류왕의 기록에는 3차례의 자연현상이 등장합니다.

― 30년(333) 겨울 12월에 우레가 쳤다.
　 32년(335) 겨울 10월 을미 초하루에 일식이 있었다.
― 33년(336) 봄 정월 신사에 혜성이 규(별자리)에 나타났다.

『삼국사기』 백제본기 제2권

우레가 치고, 일식이 나타났으며, 혜성이 떨어졌습니다. 그러고 나서 비류왕이 죽었습니다. 정말 자연현상이 일어난 건지, 아니면 앞서 이야기한 것처럼 어떤 반란이 일어났는지는 알 수 없습니다. 우리가 알 수 있는 건 비류왕이 죽은 후 다시 고이왕계의 계왕이 왕위에 올랐다는 것뿐이죠. 초고왕계에서 고이왕계로의 왕권교체를 보니 이런 자연현상이 진짜 자연현상이었는지 의심이 되긴 합니다. 자연재해 기사는 진짜 자연재해였을 수도 있는데, 내부의 정치적 혼란을 우회적으로 서술한 경우가 있습니다. 왕계가 바뀐 것으로 보아 이때의 자연재해 기사는 정치적 혼란을 비유적으로 서술한 것이 아닐까 생각됩니다. 비류왕 때 계속해서 왕위계승 분쟁이 있었기 때문에 이런 추론이 가능한 겁니다.

왕위가 고이왕계로 넘어간 백제의 정치는 어떻게 전개될까요?

계왕, 근초고왕, 근구수수왕

* 계왕 재위: 344~346
* 근초고왕 재위: 346~375
* 근구수왕 재위: 375~384

 초고왕계의 비류왕의 즉위로 왕위는 다시 초고왕계로 이어지나 했더니 다시 고이왕계인 계왕이 왕위에 오릅니다. 계왕은 고이왕계의 마지막 왕입니다. 계왕은 비류왕과 6촌 관계인데 왕위에 올랐습니다. 학계에서는 이를 보고 왕위계승서열에서 밀려나 있는 사람이 왕위에 올랐기 때문에 정변이 있지 않았을까 추정합니다. 초고왕계에서 고이왕계로 왕권이 넘어왔으니 당연히 그 과정이 순탄하진 않았겠죠?
 계왕의 『삼국사기』 기록을 보면 '즉위했다', '사망했다'가 끝입니다. 계왕의 재위기간은 단 3년밖에 되지 않습니다. 아무리 재위기간이 짧다고 해도 백제 왕들이 즉위 후 반드시 한다는 동명왕에게 제사를 지냈다는 기록 정도는 있어야 하는데 그것마저 없습니다. 이를 보고서 계왕의 즉위 과정도 정변에 의한 것이 아닐까 생각되고, 즉위 후 권력다툼이 계속되어 정세가 혼란해 아무것도 할 수 없지 않았을까 추정합니다.

— 계왕은 분서왕의 맏아들이다. 타고난 자질이 강직하고 용감하며 말 타기와 활 쏘기를 잘하였다. 처음에 분서왕이 돌아가셨을 때 계왕이 어려서 왕위에 오르지 못했으며, 비류왕이 재위 41년(344)에 돌아가시자 왕위에 올랐다.
— 3년(346) 가을 9월에 왕이 돌아가셨다.

『삼국사기』 백제본기 제2권

위의 기록이 계왕의 기록 전부입니다. 이 때문에 계왕이 실존 인물이 아닌 가공의 인물이라는 설도 있습니다. 『삼국사기』는 삼국시대 당대에 쓰인 책이 아니라 고려시대에 쓰인 책이기 때문에 많은 내용이 빠져 있습니다. 또한 그렇다 보니 연도가 맞지 않는 경우가 발생하는데요, 중간에 공백이 생기는 경우도 있습니다. 그래서 이 공백을 채우기 위해 가공의 인물인 계왕을 만들어 넣었다는 설도 있습니다. 이 설은 소수의 의견이니 '아 이런 이야기도 있구나' 정도로 알고 넘어가도 됩니다.

계왕의 기록이 거의 없는 데에는 당시의 혼란스러운 정치 상황이 있었습니다. 고이왕계와 초고왕계의 계속된 왕위계승 분쟁 때문에 계왕은 왕이 되었어도 제대로 된 정치를 할 수 없었을 겁니다. 왕은 안정된 정국 속에서 성공적으로 정책을 시행할 수 있는데, 혼란스러운 상황이 지속되다 보니 제대로 된 정책을 세울 수도, 시행할 수도 없었을 겁니다. 그래서 기록이 없을 가능성이 있습니다.

즉위 3년 만에 사망한 계왕의 뒤를 이은 건 초고왕계의 근초고왕입니다. '근초고'라는 이름에서 추측할 수 있듯이 초고왕과 연관된 인물입니다. 근초고왕이 '근초고라는 이름을 사용'해서 왕호도 근초고왕으로 한 건지, 아니면 '왕위계승 분쟁을 끊고 왕이 된 초고왕계의 사람'이라는 뜻인지 알 수 없지만, 근초고왕 이후 고이왕계의 왕위계승은 영원히 끊어졌습니다.

계왕이 즉위 3년 만에 사망했잖아요, 이를 통해 계왕에서 근초고왕으로 넘어갈 때 한 차례 정치적 혼란이 있지 않았을까 추정합니다. 만약 계왕이 몸이 약했더라면 그 때문에 죽은 것이라는 어떤 기록이라도 있어야 하는데 전혀 없이 그냥 죽었다고 기록되어 있습니다. 그래서 계왕의 죽음이 자연사가 아니라 다음에 오는 근초고왕과 어떤 연관이 있지 않을까 생각합니다. 계왕이 병사가 아니라 정치적 싸움에 의해 사망했다고 추정하는 근거는 뒤에서도 차차 이야기하겠습니다.

> 근초고왕은 비류왕의 둘째 아들이다. 몸 생김새가 기이하고 컸으며 원대한 식견이 있었다. 계왕이 돌아가시자 왕위를 이었다.
>
> 『삼국사기』 백제본기 제2권

근초고왕은 『삼국사기』에 비류왕의 둘째 아들이라고 기록되어 있습니다. 진짜 둘째 아들이었을 가능성도 있고, 비류왕의 직계 아들이 아니지만 그 대를 이었다는 걸 보여주기 위해 그렇게 기록했을 가능성도 있습니다. 하지만 고이왕 기록에서 봤듯이 백제의 기록에서 둘째 아들이라는 단어는 보통 정변을 일으킨 왕에게서 보입니다. 이를 통해 근초고왕도 정변을 일으킨 왕이 아닐까 추측하기도 합니다. 이 때문에 계왕이 정치적 싸움에 의해 사망했을 것으로 추정합니다.

어쨌든 초고왕계 사람이니 고이왕계와 대척점에 있었고, 고이왕계를 끊겠다는 생각을 안 할 수 없었을 겁니다. 그리고 근초고왕 2년 기사의 내용은 근초고왕이 정변을 일으키지 않았을까 의심이 들게 합니다.

- 2년(347) 봄 정월에 하늘과 땅의 신들에게 제사 지냈다. 진정을 조정좌평으로 삼았다. 진정은 왕후의 친척으로서 성품이 사납고 어질지 못하며 일할 때 가혹하고 까다로웠다. 권세를 믿고 제 마음대로 하니 나라 사람들이 미워하였다.

『삼국사기』 백제본기 제2권

여기에 등장하는 '진정'이라는 자는 왕후의 친척이라고 합니다. 이 진정이 권세를 믿고 제 마음대로 하니 사람들이 미워하였다고 기록되어 있는데요, 아마 진정이라는 자가 정변에 공이 있고, 그 공으로 얻은 권력을 가지고 백성들을 괴롭히지 않았을까 생각됩니다.

근초고왕은 위의 기사 이후 즉위 21년까지 사이에 기록이 없습니다.

二   21년(366) 봄 3월에 사신을 보내 신라를 예방하였다.

『삼국사기』 백제본기

『삼국사기』 근초고왕 2년에 진정에 대한 기사 이후 기록된 기사입니다. 두 기사 사이에 아무 기록이 없습니다. 그래서 이때 어떤 일을 했는지 전해지지 않습니다. 앞 왕들의 사례를 보건대 아마 이때 정치적 다툼이 남아 있었고, 이를 정리하는 일을 하지 않았을까 추정됩니다. 정치적 혼란 때문에 제대로 된 일을 할 수 없었고 기록도 남지 못했을 가능성이 있습니다.

이 공백기를 두고 많은 이야기들이 있습니다. 요서정벌, 삼한정벌, 아니면 왜의 왕으로 있었다 등등… 많은 추정들이 있는데요, 정확히 알 수 있는 기록이 없으니 이 내용들은 어디까지나 추측입니다.

근초고왕은 백제 왕 중 의자왕 다음으로 유명한 왕이지 않을까 생각합니다. 한국사를 공부해 본 사람이라면 꼭 들어봤을 왕입니다. 왜냐하면 근초고왕은 백제의 전성기를 이끌었던 왕이기 때문입니다. 백제는 삼국 중 가장 먼저 전성기를 맞이했습니다. 가장 큰 이유는 한강 유역에 자리를 잡았기 때문인데요, 강 옆에 있으니 물을 끌어다가 쓰기 편해 농사짓기도 좋고, 사람들이 살기 적합한 환경이 만들어졌습니다. 또한 강을 통해 밖으로 진출하기에도 용이했기에, 백제가 삼국 중 가장 먼저 발전할 수 있었습니다. 다시 한번 이야기하지만 온조가 자리 하나는 기가 막히게 잡았습니다.

근초고왕 때는 백제 역사상 가장 넓은 영토를 가졌습니다. 여러분이 알고 있는 삼국시대 지도의 모습은 어떤 건가요? 머릿속으로 그려보세요. 삼국시대 각 국가의 영역을 표시한 지도는 고정되어 있지 않고 시기별로 다른 모습을 하고 있습니다. 이 시기에는 정복전쟁이 활발하게 일어났기 때문에 국경이 자주 바뀌었는데요, 여러분이 그려본 여러 개의 지도 중 백제가 황해도 지역까지 있는 지도가 바로 이 근초고왕 때 지도입니다. 근초고왕은 당시 고구려와 붙었고, 그 결과 황해도 지역까지 차지할 수 있었던 겁니다.

근초고왕 때 고구려의 왕은 고국원왕이었습니다. 고국'원'왕은 우스갯소리로 '원'통한 왕이라고 합니다. 왜 원통한 왕인지 이야기하자면 좀 긴데요, 간단하게 설명해 드리겠습니다.

고국원왕이 왕위에 있을 때 중국에서는 선비족이 세운 '전연'이라고 하는 나라가 성장하고 있었습니다. 당시 중국은 5호 16국 시대*로 혼란기를 겪고 있었고, 강한 국가가 옆 국가를 공격해 세력을 넓히고 있던 시기였습니다. 전연도 마찬가지로 세력을 넓히기 위해 정복전쟁을 벌이고 있던 중이었는데요, 여기에 고구려

---

* 5호 16국 시대: 화북 지역에 다섯 개의 민족(선비, 흉노, 갈, 저, 강)이 세운 16개의 국가가 존재했던 시대.

가 눈에 들어온 겁니다. 전연의 모용황은 고구려에 군대를 이끌고 갔으나 왕이 화친을 요청해 물러났다고 합니다. 하지만 이후에 전연은 고구려에 다시 군대를 이끌고 왔고, 고구려의 환도성을 점령했습니다. 고국원왕은 전연에게 아버지였던 미천왕의 시신을 빼앗기는 수모를 당한 후 결국 항복을 하였습니다. 고국원왕은 이후 남쪽으로 세력을 확장하기 위해 준비하는데요, 이때 백제와 만나게 됩니다.

> 24년 가을 9월에 고구려 왕 사유(고국원왕)가 보병과 기병 20,000명을 이끌고 치양에 와서 진을 치고는 군사를 나누어 민가를 약탈하였다. 왕이 태자를 보내니 군사를 이끌고 지름길로 치양에 이르러서 급히 쳐부수고 5천여 명을 잡았는데, 사로잡은 포로는 장수와 군사들에게 나누어 주었다.
>
> 『삼국사기』백제본기 제2권

많은 분들이 백제가 먼저 고구려를 공격했다고 알고 계시는데요, 기록을 보면 고구려가 먼저 백제를 공격했습니다. 고국원왕은 2만 명의 군사를 이끌고 쳐들어왔습니다. 이에 근초고왕은 태자였던 근구수를 보내 승리했고, 포로를 사로잡아 장수와 군사들에게 나누어 주었다고 합니다. 고구려의 고국원왕은 여기서 멈추지 않고 한 차례 더 군사를 이끌고 들어옵니다. 이때도 백제가 승리하였습니다. 이후 백제는 고구려의 평양성을 공격하는데요, 정예 군사 3만 명을 이끌고 갔습니다. 이 전투에서 고구려 고국원왕은 날아오는 화살에 맞아 그 상처로 인해 죽었고, 백제는 황해도 지역까지 영토를 넓히게 되었습니다.

아버지의 시신도 빼앗기고, 백제와 전투 중 입은 상처로 사망한 비극적 삶을 살았기 때문에 원통한 고국원왕이라고 부르는 겁니다.

백제가 전성기를 누린 건 고국원왕의 무능함 때문이라고 생각할 수 있지만, 저는 다른 생각을 갖고 있습니다. 고국원왕의 무능함이 아닌 근초고왕의 능력 덕분이라고 생각합니다. 그동안 백제는 고이왕계와 초고왕계의 권력다툼 때문에 제대로 성장할 수 있는 시간이 없었습니다. 자기들끼리 싸우고 있는데 나라의 안위를 돌볼 여력이 있었을까요? 그런데 근초고왕이 이 왕위 다툼을 끝내고 나라를 안정시키면서 백제가 성장할 수 있게 된 것입니다. 그래서 전성기를 누릴 수 있지 않았을까 생각합니다.

근초고왕 하면 칠지도 얘기를 빼놓을 수 없습니다. 칠지도는 일곱 개의 가지가 달린 검이라는 뜻입니다. 우리 입장에서는 칠지도를 일본의 왜왕에게 하사했다고 하는데요, 일본은 백제의 하사품이 아닌 조공품이라고 우기고 있습니다. 그런데 검(칼)은 보통 윗사람에게 바치는 용도가 아니라 아랫사람에게 하사하는 용도로 많이 사용되기 때문에 조공이 아니라 하사가 맞지 않을까 생각됩니다. 칠지도에 대한 기록은 『삼국사기』에서는 찾아볼 수 없고 『일본서기』에서만 확인할 수 있기 때문에 확실히 조공인지 하사인지 알 수 없지만, 여러 정황상 하사가 맞는 것 같습니다.

칠지도에 글자가 새겨져 있는데, 지워진 글자가 있어 완벽히 해석이 안 되어 두 나라 간 의견 차이가 생긴 겁니다. 칠지도는 일본의 이소노카미신궁의 궁사에 의해 발견이 되었습니다. 처음 발견되었을 때는 많이 녹슬어서 검 표면에 글자가 보이지 않았다고 합니다. 그래서 검이 아닌 창으로 보기도 했다고 합니다. 이후 녹을 닦아내는 과정에서 글자가 발견되었고, 글자를 해석하면서 창이 아닌 검이라는 걸 알게 되었습니다.

- 52년 가을 9월 정묘 초하루 병자 구저 등이 천웅장언을 따라와서 칠지도 1자루와 칠자경 1개 및 여러 가지 귀중한 보물을 바쳤다.

『일본서기』

『일본서기』 기록에 백제에서 칠지도와 칠자경을 일본에 바쳤다(신공황후 52년 9월 기사)는 내용이 있는데요, 일본에서는 칠지도 발견 초기에 이를 두고 백제가 일본의 속국이었다(임나일본부설)고 주장하기도 했습니다. 하지만 현재는 일본 학계에서도 임나일본부설을 부정하고 있으며, 일본서기 자체가 연도를 앞으로 당겨 기록하기도 해서 연도 조정이 필요하고, 여러모로 신빙성을 의심받고 있기 때문에 이 기록을 잘 신뢰하지 않습니다.

이 칠지도는 근초고왕 때 하사한 것으로 '확정'된 게 아니라 근초고왕 때 하사한 게 거의 확실시된다고 '추정'하는 중입니다. 칠지도에 적혀 있는 글자 때문인데요, 여기에 적힌 연호가 어느 시기, 누구의 연호인지 확실히 알 수 없습니다. 두 글자 중 한 글자가 지워져 정확히 어떤 글자인지 알 수 없기 때문에 정확한 시기를 확신하지 못하고 추정 중입니다.

- 태○ 4년 5월 16일은 병오인데, 이날 한낮에 백번 단련한
- 강철로 칠지도를 만들었다.

칠지도

　가장 앞 글자 '태(泰)'는 정확하게 판독이 되었는데요, 바로 다음 글자가 어떤 글자인지 정확히 알 수 없습니다. 초기 연구에서는 '태시(泰始)'와 '태화(泰和)' 두 개의 의견으로 나뉘었다가 기술의 발전으로 X선 촬영을 진행한 결과 '시'보다는 '화'에 더 가까운 글자로 판명되었습니다. 그래서 현재는 '태화'로 해석하는 게 정설입니다. 그럼 태화라는 연호를 사용한 황제가 누군지 봐야 대충 시기를 잡을 수 있는데요, 가장 유력한 설은 동진(東晉)*의 황제인 폐제의 연호라는 설입니다. 폐제는 태화라는 연호를 사용했는데 문제는 태(泰)화가 아닌 태(太)화를 사용했다는 겁니다. 하지만 동진시대의 한 묘에서 두 한자가 동시에 사용된 사례가 있어 이 가설은 가장 유력하게 받아들여지고 있습니다.

　앞에서 『일본서기』의 연도를 조정할 필요가 있다고 했잖아요. 『일본서기』에 의하면 칠지도가 252년에 일본으로 건너갑니다.

---

* 동진: 삼국시대를 통일한 진(서진)이 영가의 난으로 수도를 건강으로 옮긴 후를 이야기함.

그런데 학자들에 따르면 『일본서기』의 연도는 120년 정도 조정할 필요가 있다고 하여 이 시기를 372년 정도로 봐야 한다고 합니다.

동진의 폐제는 365년에 즉위했고, 칠지도 명문에 태화 '4년'이라고 기록되어 있는데요, 그러면 369년이 나옵니다. 연도가 얼핏 맞아서 현재 학계에서는 동진의 연호로 보는 게 가장 타당하다는 입장입니다. 하지만 369년과 372년은 차이가 있어 이를 부정하는 의견도 존재합니다. 그리고 만들고 나서 굳이 바로 보내지 않고 3년이라는 시간을 둘 이유가 없지 않냐며 이 의견에 반대하는 의견도 있습니다. 『일본서기』에서 정확히 몇 년을 올려서 기록했는지 알 수 없어서 정확한 연도를 파악하는 게 쉽지 않습니다.

동진의 연호라는 설이 가장 유력한 설이고, 다른 의견도 존재합니다. 명문 중 '11월' 또는 '12월'로 추정되는 글자가 있습니다. "11월 혹은 12월 16일 병오일 한낮에 칠지도를 만들었다."는 문장이 있는데요, 11월 혹은 12월 16일이 '병오일'인 날을 찾아 연도를 추정하기도 합니다. 단순히 병오일이기만 하면 안 되고, 태화 4년에 맞게 '의미 있는 4년의 병오일'을 찾아야 합니다. 홍성화, 조경철이 주장하는 설 중 하나가 전지왕 4년인 408년 설입니다. 전지왕 4년 11월 16일이 병오일이라고 합니다. 그래서 전지왕 때 칠지도가 만들어진 게 아닌가 추측하기도 합니다.

또 하나의 설은 태화라는 연호가 근초고왕이 사용한 것이라는 설입니다. 바로 황색 깃발을 사용했다는 기록 때문입니다.

— 24년(369) 겨울 11월에 한수의 남쪽에서 크게 사열하였는
— 데, 깃발은 모두 누런색을 썼다.

『삼국사기』 백제본기 제2권

　고대의 동아시아에서 황색은 황제만 사용할 수 있던 색인데, 근초고왕이 황색 깃발을 사용했다는 기록을 통해 칭제(황제를 칭함)하지 않았을까 추정합니다. 근초고왕은 369년 11월 군대를 사열하면서 황색 깃발을 사용했다고 하는데요, 이 시기에 칭제를 하고 연호를 사용하지 않았을까 추정합니다. 태화 4년이면 372년이니 시기도 얼추 맞습니다. 그리고 고구려와 신라에서도 독자적으로 연호를 사용했던 모습(광개토대왕, 법흥왕, 진흥왕)이 보여 백제도 전성기였던 근초고왕 때 연호를 사용하지 않았을까 생각합니다.

　아무튼 칠지도는 현재 근초고왕 때 일본에 보낸 것이 정설이고, 이를 통해 백제가 일본과 활발하게 교류했음을 알 수 있습니다.

　근초고왕은 박사였던 고흥을 시켜 역사서를 편찬하게 했습니다.

— 옛 기록에 이르기를, "백제는 나라를 연 이래 문자로 일을 기록한 적이 없는데 이때에 이르러 박사 고흥을 얻어 비로소 『서기』를 갖추게 되었다."고 하였다. 그러나 고흥이 다른 책에 나온 적이 없어서 그가 어떤 사람인지 알 수 없다.

『삼국사기』 백제본기 제2권

한 국가가 역사서를 편찬했다는 것은 어느 정도 국가의 체제가 정비되었다는 이야기입니다. 백제는 근초고왕 때 왕위계승 다툼이 일단락되었고, 이로 인해 국가의 체제를 안정적으로 정비할 수 있었습니다. 이후 다시는 왕권이 흔들리지 않게 하기 위해 왕권을 안정시키고 강화해야 했습니다. 이런 왕권 강화의 일환으로 역사서를 편찬하지 않았을까 생각합니다. 역사서를 편찬하면 왕실의 계보가 정리되는데요, 이를 통해 자신의 왕위계승을 정당화할 수 있습니다. 왕위계승이 정당화되면 왕에게 쉽게 의문을 제기할 수 없고, 백성들이 전보다 더 충성할 수 있습니다. 이렇게 왕권을 안정시키기 위한 이유로 역사서를 편찬하였습니다.

그리고 백제는 이전까지 문자로 일을 기록한 적이 없었기 때문에 뒤늦게 왕계를 정비해야 했습니다. 뒤늦게 정리하다 보니 기록이 혼재되거나 빠졌고, 그래서 앞에서 봤듯이 100살 넘게 살았던 왕이 등장하는 등 엉망진창인 왕계가 만들어지지 않았을까 합니다.

사실 『서기』를 역사서라고 확정 지을 순 없습니다. 왜냐하면 기록 어디에도 『서기』가 역사서라고 나와 있지 않기 때문입니다. 그런데 우리가 역사서라고 보는 이유는 무엇이냐 하면 문자로 일을 기록했다고 했기 때문입니다. 역사는 문자로 일어난 일을 기록한 것을 말합니다. 그래서 『서기』를 역사서로 보는 의견이 주류가 되었고, 우리도 역사서로 배우고 있습니다.

이전 왕들과 다르게 왕권을 안정시킨 근초고왕은 안정적으로 자신의 아들에게 왕위를 넘겨주었습니다. 백제의 전성기를 이끈 근초고왕을 이어 아들인 근구수가 왕위에 올랐습니다. 근구수왕도 근초고왕과 마찬가지로 이름이 '근구수'였지 않았을까 추정합니다.

근구수왕은 근초고왕에 비해 상대적으로 덜 알려졌습니다. 왜냐하면 백제 초기 중요한 업적은 대부분 근초고왕 때 이뤄졌기 때문이죠. 하지만 우리는 근구수왕을 기억해야 합니다. 왜냐하면 근초고왕의 업적의 반은 근구수의 업적이기 때문입니다. 근구수는 태자 시절 고구려와의 전투에서 다양한 활약을 보여줍니다. 아마 고령이었던 근초고왕 대신 전투에 나선 게 아닐까 생각됩니다.

> 근구수왕은 근초고왕의 아들이다. 이에 앞서 고구려의 국강왕 사유(고국원왕)가 몸소 쳐들어오니 근초고왕이 태자를 보내 막았다.
>
> 『삼국사기』 백제본기 제2권

아버지 대신 나간 전투에서 활약을 떨친 근구수는 지지기반을 마련할 수 있게 되었습니다. 근초고왕 재위시기 때까지도 왕위계승으로 인한 권력다툼이 심했기 때문에 아마 근구수의 안정된 왕위 계승을 위해서 전략적으로 전투에 보내지 않았을까 추측하기도 합니다. 근초고왕의 이런 노력 덕분에 근구수왕은 안정적으로 왕위를 이을 수 있었던 거죠. 근구수왕의 『삼국사기』 즉위기사에 고구려의 고국원왕과 전투를 벌인 내용이 있습니다. 이 전투는 근구수가 태자 시절에 나간 전투인데요, 이런 기사를 통해서도 근초고왕이 근구수의 지위를 확보해 주기 위해 전투에 보냈다는 사실을 알 수 있습니다.

근구수왕 즉위기사에는 재미있는 일화가 하나 있습니다. 원래 백제 사람이었다가 죄를 짓고 벌받기가 무서워서 고구려로 건너간 '사기'라는 사람이 있습니다. 사기는 고구려와 백제가 전투를 벌일 때 근구수에게 돌아와서 팁을 알려줍니다. 왜 돌아와서 팁을 알려줬는지는 모르겠으나, 이 팁이 백제에 큰 도움이 되었습니다. "고구려 군사는 대부분 그냥 숫자만 채운 사람들입니다. 진짜 제대로 된 군사는 붉은 깃발뿐입니다. 붉은 깃발만 처치하면 이길 수 있습니다."라고 하였습니다. 근구수는 이 이야기를 듣고 붉은 깃발만 공격했고, 붉은 깃발이 무너지자 백제가 승리할 수 있었다고 합니다. 전투 승리 후 근구수는 도망가는 군대를 뒤쫓아 수곡성 서북쪽까지 이르렀고, 여기서 더 가려고 했으나 '막고해'라는 사람이 말립니다. "적당할 때 그만둘 줄 알면 위태롭지 않습니다." 그래서 근구수는 더 쫓아가지 않고 그곳에 돌을 쌓아 표시한 후 이후로 누가 또 올 수 있을까라고 생각했다고 합니다. 이곳의 바위가 말발굽같이 생겨서 태자의 말 발자국이라고 부릅니다.

근구수왕 이후에 그곳에 간 왕이 있었을까요? 없었습니다. 왜냐하면 고구려는 고국원왕이 죽은 이후로 절치부심해서 국력을 키웠고, 백제는 그런 고구려에게 계속해서 당했거든요. 근구수왕이 그곳에 간 처음이자 마지막 백제 왕이 되었습니다.

이후 근구수왕의 『삼국사기』 기록에는 고구려가 쳐들어왔다는 기록들이 있습니다.

— 2년(376) 겨울 11월에 고구려가 북쪽 경계로 쳐들어왔다.
3년(377) 겨울 10월에 왕이 군사 30,000명을 거느리고 고구려의 평양성을 쳤다.
— 3년(377) 11월에 고구려가 쳐들어왔다.

『삼국사기』 백제본기 제2권

고구려는 고국원왕 사후 아들 소수림왕이 즉위했는데요, 소수림왕은 아버지의 원수인 백제에게 복수를 하려고 했습니다. 그래서 백제를 공격했으나, 섣불리 움직였기 때문에 그렇게 큰 성과는 얻지 못했고, 내부 체제를 정비하는 데 힘씁니다.

고구려의 공격을 막아낸 근구수왕은 자연재해라는 적을 만나게 됩니다. 거기에 전염병까지 돌게 되니, 백성들의 삶이 얼마나 힘들었을지 가늠이 되나요?

— 5년(379) 여름 4월에 흙비가 하루 종일 내렸다.
6년(380)에 전염병이 크게 돌았다.
6년(380) 여름 5월에 땅이 갈라져 깊이가 5장, 가로 너비가 3장이나 되었다가 3일 만에 합쳐졌다.
8년(382) 봄에 비가 오지 않더니 6월에 이르러 백성들이 굶주려 자식을 파는 자까지 있었다.

『삼국사기』 백제본기 제2권

계속된 전투에 이어서 자연재해와 전염병까지 겹치니 백성들은 살기 힘들어졌습니다. 백성들이 살기 힘들어지면 국가는 위태해질 수밖에 없는데요, 백성들이 세금을 내는 사람이고, 역을 지는 사람이기 때문입니다. 백성들이 건강해야 세금도 잘 들어오고 역을 수행할 사람도 많겠죠. 그래서 근구수왕은 관청의 곡식을 내어주는 진휼 정책을 시행해 백성들을 보살폈습니다.

앞에서 근초고왕 때 왜에 칠지도를 하사했다고 했죠. 이때 사신으로 간 '구저'가 근구수왕이라는 이야기도 있습니다. 칠지도 명문에 '백제왕-(百濟王-)'이라는 글자가 있습니다. 여기서 '-' 이 부분이 예전에는 자(子)로 읽혀 왕세자로 해석했었는데요, 당시 왕세자였던 근구수왕이 백제에 칠지도를 보낼 때 사신으로 가지 않았을까 하면서 이렇게 추측했던 것입니다. 하지만 최근 연구결과에 의하면 그냥 '-'로 밝혀졌습니다. 그래서 근구수가 갔다는 의견은 부정되고 있습니다.

근구수왕은 재위 10년이 되던 해에 사망하였습니다.

— 10년(384) 봄 2월에 해에 햇무리가 세 겹이나 있었다. 궁궐 안의 큰 나무가 저절로 뽑혔다.

『삼국사기』 백제본기 제2권

생각보다 짧은 재위기간 때문에 '혹시 또 반란인가?' 하는 의견도 있지만, 즉위할 때 이미 나이가 많았을 것으로 추정합니다. 그래서 근구수왕의 사망은 크게 의문이 제기되지는 않습니다.

근초고왕에서 근구수왕으로 이어지는 부자상속은 백제 왕위계승 분쟁이 완전히 끝났다는 걸 보여줍니다. 안정된 부자상속을 확립했으니, 백제의 앞날에 꽃길만 깔려야겠죠? 과연 그랬을까요?

침류왕

* 침류왕 재위: 384~385

　근초고왕, 근구수왕으로 이어진 왕위는 침류왕으로 이어졌습니다. 침류왕 역시 안정적으로 왕위를 이어받았습니다. 침류왕의 『삼국사기』 즉위기사에 보면 다른 왕들과 다른 점이 하나 있습니다. 바로 어머니의 이름이 기록되어 있는데요, '아이부인'이라고 하는 어머니의 이름이 기록되어 있습니다.

― 침류왕은 근구수왕의 맏아들이며, 어머니는 아이부인이다.
― 아버지를 이어서 왕위에 올랐다.

『삼국사기』 백제본기 제2권

　왕비의 이름, 왕의 어머니의 이름이 기록되어 있는 경우는 굉장히 이례적인 일인데요, 기록에 남아 있을 정도라면 침류왕 때 중요한 역할을 한 인물이 아닐까 생각됩니다. 침류왕 때 중요한 업적이라고 하면 불교의 공인이니 아이부인이 불교 공인에 중요한 역할을 하지 않았을까 합니다. 산스크리트어로 여승을 '아니(阿尼)'라고 부르는데, 이를 통해 아이라는 이름을 불교 전래와 관련짓기도 합니다.

　침류왕은 백제의 역사를 공부할 때 중요하게 배우는 왕 중 하나입니다. 혹시 침류왕의 업적 중 기억나는 게 있으신가요? '불교 공인' 맞습니다. 그리고 또…? 불교 공인 말고 생각나는 업적이 없으시죠. 그게 당연합니다. 『삼국사기』 기록을 봐도 불교에 대한 이야기 말고 업적이란 게 없습니다. 그런데 왜 우리는 중요한 왕으로 배웠을까요? 업적의 개수는 중요하지 않습니다. 하나가 있더라도 그 업적이 무엇인지가 더 중요합니다. 침류왕의 단 하나의 업적은 '불교 공인'입니다.

　불교 공인은 고대사에서 굉장히 중요한 의미를 가집니다. 불교는 원래 각 지역들이 가지고 있던 토속신앙보다 사람들을 정신적으로 통일하는 데 도움이 되었다고 합니다. 나라가 발전하기 위해서는 백성들이 분열되어 있으면 안 되는데, 불교는 이 백성들을 하나로 통일하는 역할을 하게 됩니다. 토속신앙은 지역마다 다른 신을 섬기고 다른 모습을 갖고 있지만, 불교는 하나의 신을 섬기고 하나의 의식을 갖고 있습니다. 그렇기 때문에 토속신앙보다 백성을 하나로 통일하기에 유용했습니다. 삼국은 이러한 이유로 불교를 공인했습니다. 고구려는 소수림왕, 신라는 법흥왕, 백제는 침류왕 때 공인했습니다.

　불교의 역할은 이것만이 아닙니다. 불교에는 '업설'과 '윤회설'이 있습니다. '업'이나 '윤회'는 많이 들어보셨을 것 같습니다. 업은 업보라고도 하는데 사람이 살면서 행한 일을 통해 쌓인 것을 말하고, 윤회는 죽은 뒤에 환생한다는 것입니다. 살아생전에 쌓은 업보에 의해 다음 생에 무엇으로 태어날지가 결정된다는 게 불교에서 이야기하는 것인데요, 이 업과 윤회를 왕과 귀족이 이용하였습니다. 바로 신분제 정당화에 이용했는데요, 자신들의 신분이 높은 이유는 전생에 선한 업보를 쌓았기 때문이라고 하여 현재의 신분을 정당화한 것입니다. 왕은 또한 왕과 부처를 동일시한 왕즉불 사상을 내세워 권위를 높였습니다.

　백제의 역사를 배울 때 굉장히 중요하게 배우는 침류왕의 재위 기간은 단 1년밖에 되지 않습니다. 왜 그럴까요? 아마 불교 공인 과정에서 기존의 귀족세력과 마찰이 있어 암살당하지 않았을까 추정합니다. 그렇다면 귀족들은 왜 불교 공인을 반대했을까요? 앞에서 이야기했듯이 불교에는 업설과 윤회설이 있어서 자신들의 신분을 정당화하기에도 좋습니다. 그런데 도대체 왜 반대했을까요?

　청동기시대로 거슬러 올라가 봅시다. 청동기시대의 지배자는 정치적 지배자이면서 동시에 종교적 지배자였습니다. 지배자가 하늘에 지내는 제사를 주관하면서 자신만이 유일하게 하늘과 소통할 수 있는 사람임을 보여주면서 권력을 정당화했습니다. 대표적으로 고조선의 단군왕검이 있습니다. 단군은 종교적 지배자,

왕검은 정치적 지배자를 뜻하는 용어로 '단군왕검'은 종교와 정치적 지배자가 일치하는 제정일치 사회를 보여주는 용어입니다.

이런 관습이 계속 이어져 귀족들은 나름의 토착신앙의 지배자로 있으면서 권력을 유지했는데요, 불교를 국가의 공식 종교로 인정해 버리면 이런 권력유지의 수단이 없어지게 됩니다. 거기다가 왕이 부처와 같다며 왕즉불 사상까지 들고 오니 귀족들 입장에서는 반가운 종교가 아니겠지요. 그래서 귀족들은 불교 공인에 반대를 많이 했습니다. 이런 귀족들과의 마찰 때문에 암살당하지 않았을까 추정합니다.

고대사회에서 불교 공인은 굉장히 어려웠는데요, 신라 법흥왕 때 이차돈의 순교를 봐도 그랬습니다. 신라에서는 이미 이전부터 불교가 들어왔습니다. 하지만 공인이 되지는 못했었는데요, 법흥왕은 불교 공인을 시도하였습니다. 하지만 백제처럼 귀족들이 강하게 반대했습니다.『삼국사기』기록에 의하면 귀족들이 "승려들은 머리를 빡빡 밀고 이상한 옷을 입고 이상한 논리를 펼친다."고 이야기했다고 합니다. 귀족들이 완강하게 거부하자 법흥왕과 이차돈은 계획을 세웁니다. 이차돈이 왕의 명령을 어겨 처벌을 받는 것으로 계획했습니다. 이차돈의 처형이 이루어질 때 많은 귀족들이 지켜봤습니다. 이차돈은 자신이 죽을 때 신기한 일이 일어나면 부처님이 행하신 일이라고 하였습니다. 처형식이 시작되고 이차돈의 목을 베자 흰 피가 나왔다고 합니다. 이를 본 사람들은 진짜 부처가 있다고 생각하게 되었고, 결국 이차돈의 순교 이후 법흥왕은 불교를 공인할 수 있었습니다.

이렇게 고대사회에서 불교 공인은 귀족들의 반대로 인해 쉽지 않았습니다. 이렇게 힘든 과정이 있음에도 불구하고 고대의 왕들은 꼭 불교를 들여오려고 하였습니다. 그만큼 불교가 왕권 강화와 중앙집권화에 도움이 되었다는 뜻이겠죠?

백제는 왜 침류왕 때 불교 공인을 했을까요? 이건 제 개인적인 생각이니 잘 걸러서 들으시길 바랍니다. 백제가 그동안 초고왕계와 고이왕계로 나뉘어 왕권다툼이 지속되었다고 했죠. 그리고 근초고왕이 그것을 끊고 왕권의 안정을 이뤘다고 이야기했습니다. 이후 근초고왕, 근구수왕 때는 고구려와의 관계도 있고 해서 혼란스러운 상황을 조금 안정시켜야 했습니다. 이후 침류왕 때는 내부, 외부의 혼란이 어느 정도 안정되었고, 이제 본격적으로 체제를 정비할 때였습니다. 그래서 시행한 게 불교 공인이지 않을까 생각됩니다. 왕위 계승 분쟁을 마무리하고 서서히 국가의 체제를 정비해 나가는 과정에서 불교 공인을 시행한 것이죠.

왕위 계승 분쟁을 마무리했으니 이제 본격적으로 국가의 체제를 정비해야 하는데, 침류왕이 불교 공인을 반대하는 귀족세력에 의해 시해당하는 바람에 백제는 다시 한번 혼란을 맞이했습니다. 도대체 백제는 언제 안정되며, 언제 발전할 수 있을까요?

진사왕, 아신왕, 전지왕

* 진사왕 재위: 385~392
* 아신왕 재위: 392~405
* 전지왕 재위: 405~420

진사왕은 침류왕의 동생으로 침류왕이 죽자 나이가 어린 침류왕의 아들 아신왕 대신 왕위에 오르게 되었습니다. 『삼국사기』에는 태자가 어려서 왕위에 올랐다고 기록되어 있는데, 『일본서기』에는 조금 다르게 기록되어 있습니다. 여기에는 진사왕이 왕위를 찬탈했다고 기록되어 있습니다.

> 진사왕은 근구수왕의 둘째 아들이며 침류왕의 아우이다. 사람됨이 강직하고 용감하며 총명하고 지혜로워 지략이 많았다. 침류왕이 돌아가셨을 때 태자가 어렸으므로 숙부인 진사가 왕위에 올랐다.
>
> 『삼국사기』 백제본기 제3권

— 6ㅁ년 백제 침류왕이 죽었다. 왕자 아화(아신왕)가 어렸으므
— 로 숙부 진사가 왕위를 빼앗아 즉위하였다.

『일본서기』

먼저 『삼국사기』 기록을 뒷받침할 증거를 이야기해 보겠습니다. 당시 태자는 침류왕의 아들 아신왕입니다. 진사왕이 왕위를 찬탈했다면 아신왕이 다음 왕위를 이을 수 있었겠느냐는 의문이 제기됩니다. 그래서 정말 태자가 어려서 진사왕이 대신 왕위를 이었다고 이야기할 수 있습니다.

다음으로 『일본서기』에서 이야기하는 찬탈의 증거는 무엇일까요? 침류왕이 불교를 공인한 왕이라고 했죠? 그리고 그에 반대한 세력에 의해 사망했을 것으로 추정한다고 했습니다. 침류왕 시해 세력에 진사왕도 포함되어 있을 것이고 그 증거로 진사왕의 『삼국사기』 기록에 불교 관련 기록이 없다는 걸 이야기합니다. 보통 불교를 공인한 후라면 절을 만드는 등의 불교 관련한 기록이 보여야 하는데, 하나도 없다는 것은 진사왕이 침류왕을 죽인 불교 공인 반대세력 중 하나이지 않았을까 하고 생각해 볼 수 있게 합니다. 또한 이때 아신왕이 어리지 않았을 가능성이 있고, 심지어 아들이 있었을 가능성도 제기됩니다. 진사왕의 『삼국사기』 즉위 기사를 보면 '태자'라는 단어가 등장합니다. 그렇다면 이미 침류왕 때 태자책봉이 이루어져 있었을 가능성이 높습니다. 침류왕의 재위기간이 굉장히 짧은데 그사이에 태자책봉을 했다는 것이고, 보통 태자책봉은 어느 정도 나이가 들었을 때 하니까 아신왕이

생각보다 어리지 않았을 가능성이 있다는 겁니다. 그리고 아들이 있었을 가능성도 있다고 했잖아요, 다음 장에서 아신왕에 대해서 이야기하면서 다시 한번 이야기하겠지만, 아신왕은 재위 3년에 태자를 책봉합니다. 태자책봉은 어느 정도 나이가 있을 때 한다고 했잖아요, 그러니까 아신왕이 즉위하기 전에 이미 결혼해서 아들이 있었을 가능성이 있습니다. 진사왕의 재위기간은 8년밖에 되지 않습니다. 아신왕이 왕위를 잇지 못할 정도로 나이가 어렸다면 진사왕이 사망했을 당시에도 나이가 그렇게 많지는 않았을 것이고, 아이가 없었을 가능성이 더 큽니다. 그런데 아신왕 재위 3년 만에 태자책봉을 한다? 말이 안 되죠. 그래서 진사왕 즉위 당시 아신왕의 나이가 그렇게 어리지 않았을 것이고, 진사왕이 침류왕을 죽인 세력의 추대를 받아서 왕이 되었을 가능성이 있다고 이야기합니다.

일단 백제의 역사를 볼 때 『일본서기』의 기록도 신뢰할 만합니다. 뒤에서 자세히 이야기하겠지만, 무령왕릉의 발견으로 『일본서기』의 신뢰도가 올라갔습니다. 그래서 백제의 역사를 공부할 때 『일본서기』를 참고합니다. 진사왕의 찬탈 이야기도 학자들이 무시하지 않고 받아들이는 이유가 『일본서기』가 신뢰할 만한 부분이 있기 때문입니다.

- 2년(286) 8월에 고구려가 쳐들어왔다.
- 6년(390) 9월에 왕이 달솔 진가모에게 고구려를 치라고 명령하니 도곤성을 빼앗고 200명을 사로잡았다.

『삼국사기』 백제본기 제3권

고구려는 고국원왕의 사망 이후 계속해서 백제에게 복수할 타이밍을 노리고 있었습니다. 이전에 책계왕 때 고구려와 사이가 안 좋아졌다고 했잖아요. 그런 상태에서 근초고왕 때 고국원왕이 전사하게 되니 더 사이가 안 좋아졌겠죠. 그래서 앞에서 이야기했듯이 소수림왕이 몇 번 백제를 건드렸습니다. 그런데 성공하지 못했고, 내실을 다지는 시간을 보냅니다. 그리고 고국양왕이라는 왕이 즉위를 합니다. 고국양왕도 선왕을 따라서 백제에게 복수합니다. 결과는 어땠을까요? 성공하지 못했습니다. 그리고 진사왕이 신하 진가모에게 고구려를 공격하라고 명령하였고, 여기서 백제가 승리하였습니다. 이 이후로 한동안 고구려는 백제를 공격하지 못하였습니다. 고구려의 이미지를 떠올리면 굉장히 강하고 절대 지지 않는 모습인데 이 시기에는 백제에게 꼼짝없이 당하는 모습을 보여줍니다. 좀 신선하죠? 백제가 초창기에는 약하지 않았고, 오히려 삼국 중 전성기를 가장 먼저 맞이했던 나라답게 강한 모습을 볼 수 있습니다.

- 8년(392) 가을 7월에 고구려왕 담덕이 40,000명의 군사를 거느리고 북쪽 변경을 공격하여 석현성 등 10여 성을 함락시켰다. 왕은 담덕이 군사를 잘 부린다는 말을 듣고 나가서 막지 못하니, 한수 북쪽의 여러 부락을 많이 빼앗겼다.
- 8년(392) 겨울 10월에 고구려가 관미성을 쳐서 빼앗았다.

『삼국사기』 백제본기 제3권

그렇게 고구려의 침략에서 자유로워지나 싶었는데, 진사왕에게 큰 시련이 닥칩니다. 고구려에 광개토대왕이 즉위하였습니다. 광개토대왕은 역사를 좋아하지 않아도 한 번쯤은 들어본 왕일 겁니다. 고구려 전성기의 문을 연 왕이죠. 광개토대왕은 정복전쟁으로 이름을 날린 왕이고, 광대한 영토를 차지했습니다. 그래서 이름도 '광개토(廣開土)'입니다. 진사왕은 하필 이런 광개토대왕을 만나게 되었습니다. 이제 고구려의 본격적인 복수전이 시작되었습니다. 진사왕은 광개토대왕의 공격에 속수무책으로 당했습니다. 10여 개의 성을 빼앗긴 것으로도 모자라 요충지인 관미성까지 빼앗겼습니다.

  혹시 '바람의 나라'라는 온라인 게임을 아시나요? 이 게임에 관미성이 나옵니다. 게임에서도 요충지의 면모가 보입니다. 군사들로 둘러싸여 있고, '진가모'에게 퀘스트를 받을 수도 있습니다. 역사를 배우고 보니 아는 사람이 보이죠? 생각보다 구현을 잘해놨습니다. 잠깐 요점에서 벗어나 딴소리를 좀 해봤습니다.

  아무튼 광개토대왕의 공격으로 많은 성을 빼앗기고 거기에 관미성까지 빼앗겼기 때문에 백제 백성들의 민심은 진사왕에게서 떠나가고 있었습니다. 진사왕은 이런 민심을 달래기 위해 구원이라는 지역으로 사냥을 나갔습니다. 이 지역은 군사적 요충지와 인접해 있던 곳이었고, 고구려에 의해 피해를 입은 지역이었습니다. 그래서 이 지역으로 사냥을 나가 민심을 살피려고 하였습니다. 그런데, 진사왕은 그곳에서 사망하였습니다.

— 8년(392) 왕이 구원에서 사냥하였는데, 열흘이 지나도록 돌아오지 않았다.
— 8년(392) 11월에 왕이 구원의 행궁에서 돌아가셨다.

『삼국사기』 기록에는 사망의 원인에 대해 자세하게 기록되어 있지 않습니다. 그냥 구원의 행궁에서 사망했다고만 기록되어 있습니다. 학자들은 진사왕의 죽음이 자연사가 아닐 가능성이 있다고 이야기합니다. 왜냐하면 이야기했듯이 민심이 이반되어 있었고, 이에 반대세력이 형성되어 있을 가능성이 충분히 있습니다. 아무래도 사냥을 나가 있으면 왕궁에 있을 때보다 경호가 느슨해지고 방심하게 되겠죠. 이때를 노려서 반대세력이 진사왕을 살해하지 않았을까 추정됩니다.

진사왕의 사망과 관련해서는 『일본서기』 기록도 같이 보겠습니다. 앞에서 『일본서기』에 진사왕이 왕위를 찬탈했다고 기록되어 있다고 했습니다. 『일본서기』 기록에 의하면 이후 진사왕은 일본에게 무례하게 굴었고 백제에서 진사왕을 죽인 후 일본에 사죄했습니다. 그래서 일본에서는 아신왕을 왕으로 세워줬다고 합니다.

— 백제의 진사왕이 왕위에 있으면서 귀국(일본)의 천황에게 예의를 잃었으므로, 기각숙녜·우전시대숙녜·석천숙녜·목토숙녜를 파견하여 그 무례함을 책망하였다. 이로 말미암아 백제국에서는 진사왕을 죽여 사죄하였다. 기각숙녜 등은

— 아화(아신)를 왕으로 세우고 돌아왔다.

『일본서기』

이 내용들은 진사왕의 죽음이 자연사가 아니라 아신왕의 쿠데타에 의한 죽음이라는 걸 어느 정도 생각해 볼 수 있게 합니다. 즉위부터 잡음이 있었기 때문에 반대파가 충분히 형성되어 있었을 것이고, 진사왕이 관미성을 빼앗기면서 결정적으로 반대세력들이 진사왕을 끌어내릴 명분을 잡은 거죠.

이렇게 의문의 죽음을 당한 진사왕을 이어서 아신왕이 왕위에 올랐습니다.

진사왕 기록에는 불교 관련 기록이 없다고 했죠, 반면 아신왕은 『삼국유사』에 불교 관련 기록이 있습니다.

— 침류왕 즉위 갑신년에 호승 마라난타가 진(晉)에서 왔는데, 그를 맞이하여 궁중으로 맞아들이고 예우하였다. 이듬해 을유(385년)에 절을 새 서울 한산주에 세우고, 승려 열 명을 두었으니, 이것이 백제 불교의 시초이다. 또 아신왕이 즉위한 태원 17년(392년) 2월에 교령을 내려서 불법을 신봉하여 복을 구하라.

『삼국유사』 제3흥법 난타벽제

불교기록이 사라졌다가 다시 생긴 것을 통해 진사왕이 정변을 통해 왕이 되었고, 이를 다시 아신왕이 뒤집은 것으로 추정하는 겁니다. 『일본서기』의 기록과 『삼국유사』의 불교 관련 기록을 통해 아신왕의 정변 설이 힘을 얻게 되었습니다.

아신왕의 『삼국사기』 기록을 보겠습니다. 아신왕의 즉위기사를 보면 좀 신기합니다. 보통 기이하고 신비한 탄생 이야기는 건국시조 기록에서만 보이는데, 아신왕의 즉위기사에는 이런 내용이 있습니다.

> 아신왕은 침류왕의 맏아들이다. 처음에 한성의 별궁에서 태어났을 때 신비로운 광채가 밤을 밝혔으며, 장성하여서는 뜻과 기개가 무척 호방하였고, 매 사냥과 말타기를 좋아하였다.
>
> 『삼국사기』 백제본기 제3권

왜 아신왕의 즉위기사에 신비한 탄생 이야기가 있을까요?

제 개인적인 생각으로는 아신왕이 정변을 통해 왕위에 올랐기 때문에 왕권을 안정시키기 위한 뭔가가 필요했을 겁니다. 바로 자신이 정통성을 가진 왕임을 알리는 것이죠. 그래서 신비한 탄생을 이용한 게 아닐까 생각됩니다. 진사왕과 다른 존재임을 어필하여 자신이 정통성 있는 왕이고, 정변을 정당화한 것이죠.

> 2년(393) 봄 정월에 동명의 사당을 배알하였다. 또 남쪽 제단에서 하늘과 땅에 제사 지냈다.
>
> 『삼국사기』 백제본기 제3권

아신왕 재위 2년 기사를 보면 진사왕과 다른 점을 또 발견할 수 있습니다. 바로 동명왕 사당 배알 기사입니다. 아신왕은 즉위 다음 해에 동명왕 사당에 배알했습니다. 진사왕의 기록에서는 볼 수 없는 기록입니다. 이를 통해 아신왕은 자신이 진사왕과 정말 다른 존재이고, 왕이 되어야 하는 정통성을 가진 인물임을 드러내지 않았을까 생각됩니다.

진사왕과 아신왕의 즉위가 심상치 않음을 드러내는 구절은 또 있습니다. 제가 앞에서 다시 이야기한다고 했죠? 아신왕 재위 3년에 태자를 책봉한 일인데, 이때 맏아들 전지를 태자로 삼았다고 합니다.

> 3년(294) 봄 2월에 맏아들 전지를 태자로 삼고…
>
> 『삼국사기』 백제본기 제3권

백제는 보통 근초고왕 때 왕위의 부자상속이 확립되었다고 이야기합니다. 그래서 아신왕은 어차피 아들 전지가 왕위를 이을 거니 어린 나이에 일찍 태자책봉을 했을 수도 있습니다. 하지만 보통은 아들이 어느 정도 성장한 후에 왕위를 이을만한 사람인지 보고 태자로 책봉하기 때문에 이미 이때 전지의 나이가 그리 어리진 않았을 것으로 생각됩니다. 그리고 여기서 또 하나 생각해 볼 수 있는 점이 앞에서 아신왕의 나이가 그리 어리진 않을 거라고 했잖아요. 그게 이 태자책봉 기사로 생각해 볼 수 있는 점입니다. 아신왕은 재위 3년 차에 태자를 책봉할 아들이 있었다는 이야기고, 그렇다면 즉위 시 나이가 그렇게 어리지 않았다는 이야기입니다. 이렇게 거꾸로 올라가 보면 아신왕은 진사왕 즉위 시에도 나이가 많이 어리진 않았을 거라고 생각해 볼 수 있습니다. 그래서 진사왕이 왕위를 무력으로 찬탈했을 가능성에 대해서도 충분히 고려해 볼 수 있습니다.

> 2년(393) 가을 8월에 왕이 진무에게 말하기를 "관미성은 우리나라 북쪽 변경의 요충지이다. 지금 고구려의 소유가 되었으니 (중략) 경은 마땅히 마음을 써서 치욕을 갚아야 할 것이다."
> 3년(394) 가을 7월에 고구려와 수곡성 아래에서 싸워 패하였다.
>
> 『삼국사기』 백제본기 제3권

백제는 고구려에게 복수를 하기 위해 이를 갈았습니다. 진사왕이 왕위에 있었을 때 고구려의 왕이 누구라고 했죠? 바로 광개토대왕입니다. 광개토대왕은 영토확장 중 백제의 관미성을 빼앗았는데, 백제는 이에 복수를 하려고 했습니다. 『삼국사기』 기록에도 치욕을 갚아야 한다고 나와 있습니다.

백제는 복수전에 성공했을까요?

그럴 리가요. 백제의 장수 진무는 닫힌 성문을 열지 못하고 쓸쓸히 돌아왔습니다. 계속 이야기하지만, 당시 고구려의 왕은 광개토대왕입니다. 광개토대왕은 고구려의 전성기 시작을 열었던 왕입니다. 절대 호락호락한 왕이 아니었습니다. 이후로도 아신왕은 고구려를 계속 공격하지만, 그때마다 좋은 성과를 얻지 못하였습니다.

> 6년(397) 여름 5월에 왕이 왜국(일본)과 우호 관계를 맺고 태자 전지를 볼모로 보냈다.
>
> 『삼국사기』 백제본기 제3권

결국 아신왕은 고구려 견제 목적으로 일본과 우호관계를 맺은 뒤 아들 전지를 볼모로 보냅니다. 자식을 다른 나라에 볼모로 보내는 아버지의 심정은 어땠을까요? 그런데, 아무리 고구려 견제 목적이라고 해도 아들을 일본에 보내기까지 해야 했을까요?

이 기사에서 생각해 볼 점 또 하나는 전지가 정말 많이 어리지 않았을 것이라는 점입니다. 일본으로 나이 어린 왕자를 외교적 목적에서 보내진 않았을 겁니다. 일본에 가서 정치를 해야 하는데, 아무것도 모르는 어린아이를 보냈을까요? 이를 통해 한 번 더 아신왕의 나이가 그리 어리지 않았을 것이라고 생각해 볼 수 있습니다.

> 백잔(백제)과 신라는 옛부터 고구려 속민으로 조공을 해왔다. 그런데 왜가 신묘년 이래로 바다를 건너와 백잔과 □ □ (현재 해독불가)와 신라를 파하고 신민으로 삼았다. (중략) 백잔이 의에 복종치 않고 감히 나와 싸우니 왕이 크게 노하여 아

> 리수를 건너 정병을 보내어 그 수도에 육박하였다. 백잔군이 퇴각하니 곧 그 성을 포위하였다. 이에 잔주(아신왕)가 곤핍해져 남녀 생구 1천 명과 세포 천 필을 바치면서 왕에게 항복하고, 이제부터 영구히 고구려왕의 노객이 되겠다고 맹세하였다.
>
> 광개토대왕릉비

아신왕이 전지를 볼모로 보내기 바로 전 해에 어떤 일이 있었는지 알아야 전지를 일본으로 보낸 이유가 이해될 거 같습니다. 광개토대왕릉비 기록을 보겠습니다. 여기에 아신왕이 고구려에 노객맹세를 했다고 기록되어 있습니다. 고국원왕의 사망 이후 백제와 고구려는 계속해서 냉전 상태였습니다. 소수림왕과 고국양왕이 계속 백제를 공격했으나 실패했다고 했죠. 이후 즉위한 광개토대왕은 백제를 공격했고, 관미성까지 빼앗았습니다. 그런데 백제가 계속 복수한다고 밑에서 깔짝대니까 광개토대왕 입장에서는 얼마나 화가 났을까요? 광개토대왕은 396년에 직접 군사를 이끌고 백제로 들어와 아신왕을 무릎 꿇게 한 뒤 노객의 맹세를 하게 하였습니다.

노객이 무엇인지 의견이 좀 나뉘는데요, 노비나 노예를 뜻한다고 하는 의견도 있고, 일반 백성을 뜻한다고 하는 의견도 있습니다. 뭐가 됐든 한 나라의 왕이 다른 나라 왕에게 무릎을 꿇고 노객의 맹세를 했다는 것 자체가 엄청난 굴욕이죠. 거기다가 일본과 화친하지 않겠다는 맹세까지 했습니다. 하지만 아신왕은 고구려에게 했던 약속을 깨고 일본과 화친을 하고 자신의 아들을 볼모로 보내기까지 했습니다. 아신왕은 광개토대왕과의 약속을 어기는 방법으로 고구려를 견제하려고 하거나, 우호국가를 만들어 놔서 위기 상황에 대비하려고도 했던 것 같습니다.

아신왕은 계속해서 고구려에 대한 공격을 멈추지 않습니다. 그런데 생각해 보세요. 전투에 나가는 사람들은 대부분 누구일까요? 바로 평민들입니다. 평민들의 대부분은 농민들이었는데요, 이들은 국가에 세금을 내는 중요한 사람들이었습니다. 이들이 내는 세금에는 곡식뿐만 아니라 노동력도 포함되어 있습니다. 나라의 중요한 대규모 토목공사 등에 동원되어 일을 했고, 전투가 일어나면 군인으로 참여했습니다. 노동력 제공과 전투 참여가 바로 세금 납부라는 것이죠. 나라의 재정을 책임지고 안보를 책임지는 게 백성들이기 때문에 왕은 늘 백성들의 안위를 걱정하고 챙겨야 합니다. 하지만 아신왕은 복수에 눈이 멀어 백성들의 생활을 돌보지 않았던 것 같습니다. 계속해서 백성들을 동원해 전투를 벌였고, 결국 참지 못한 백성들이 신라로 도망치는 일까지 일어났습니다. 쉴 새 없이 전투에 참여하게 되면 농사지을 시기를 놓치게 되어 한 해 농사를 망치게 되고, 또한 사망자도 생겨나게 됩니다. 그렇기 때문에 백성들의 불만이 하늘 높은 줄 모르고 높아져 갔던 거죠.

— 8년(399) 가을 8월에 왕이 고구려를 공격하려고 군사와 말을 크게 징발하였다. 백성들이 전역에 시달려 많은 사람들

— 이 신라로 도망치니 호구가 줄어들었다.

『삼국사기』백제본기 제3권

하지만 아신왕은 백성들의 안위보다 어떻게든 고구려에 복수하고 싶은 마음이 컸던 것 같습니다. 백제 혼자의 힘으로는 어려우니 일본, 가야와 연합하였습니다. 그리고 고구려를 공격하는 게 아니라 신라를 공격했습니다. 아니, 왜 애먼 신라를 공격했을까요? 아신왕은 고구려를 직접 공격하는 건 어렵다고 판단했던 것 같습니다. 그래서 일단 신라를 먼저 공격해 국력을 키운 다음 고구려를 공격하려고 했습니다. 그런데, 신라가 고구려에 도움을 요청합니다. 이 이야기는 광개토대왕릉비에 나와 있습니다. 광개토대왕은 신라에 구원군을 보냈고, 역시나 고구려의 승리로 끝났습니다.

이 이후로 백제는 국력이 약해졌고, 가야 또한 영향을 받아 가야 연맹의 주도권이 금관가야에서 대가야로 넘어가게 되었습니다.

아신왕은 고구려와의 약속을 어기고 계속해서 일본에 기댔습니다. 나라가 궁지에 몰린 상황에서 어떻게든 외부세력과 손을 잡고 버티려고 했던 것 같습니다. 하지만 이미 백성들은 끊임없는 전투에 시달리며 피해를 입어 나라에 등을 돌렸고, 관리들 또한 등을 돌렸습니다. 그리고 점차 아신왕의 죽음이 가까워지고 있습니다.

— 14년(405) 봄 3월에 흰 기운이 왕궁 서쪽에서 일어났는데,

> 마치 비단을 펼쳐놓은 것 같았다.
>
> 『삼국사기』 백제본기 제3권

아신왕 재위 14년 3월 서쪽에서 흰 기운이 일어났다는 기록이 있습니다. 이는 왕의 죽음을 암시하는 전조로써, 아신왕의 죽음이 비정상적인 죽음이 아닌가 추정합니다. 서쪽의 상징 색깔은 흰색입니다. 그러니까 서쪽에서 흰 기운이 일어났다는 이야기는 서쪽에서 어떤 세력집단이 들고일어났고, 이 세력에게 시해당하지 않았을까 생각해 볼 수 있습니다. 계속된 전투와 패배로 반대 세력이 생겨났고, 그 세력이 아신왕을 시해한 것 같습니다.

아신왕의 죽음이 비정상적이라는 내용의 또 다른 근거로는 태자 전지의 존재입니다. 전지는 아신왕이 죽었을 당시까지도 계속 일본에 있었습니다. 만약 아신왕이 자연사를 했더라면 죽기 전에 몸이 쇠약해져서 미리 태자를 보내 왕위를 잇게 할 준비를 했을 것인데, 전지는 계속 일본에 머물러 있었고, 갑작스럽게 아버지의 죽음 소식을 들었습니다. 그렇기 때문에 아신왕의 비정상적 죽음이 더 힘을 얻는 의견이 되고 있습니다.

아신왕 사후 동생 훈해와 설례의 왕위계승전이 일어났습니다. 아신왕 사후에 둘째 동생 훈해가 정사를 대리하면서 태자였던 전지의 귀국을 기다리고 있었습니다. 훈해는 조카 전지를 위해 왕의 자리를 지키고 있었습니다. 그런데 막냇동생인 설례는 형과 다르게 자신이 왕이 되고 싶었습니다. 그래서 형 훈해를 죽이고 스스로 왕이 되었습니다.

전지는 아버지의 사망소식을 듣고 급하게 귀국길에 올랐습니다. 그런데 국내에서 이런 상황이 벌어지자 들어오지 못하고 국경에서 지켜보고 있었습니다. 왜냐하면 한성 사람 해충이 국내의 상황을 알리고 들어오지 말라고 조언했기 때문입니다.

> 이윽고 국경에 이르자 한성 사람 해충이 와서 알리기를, "대왕께서 돌아가시자 왕의 동생 설례가 형을 죽이고 스스로 왕이 되었습니다. 태자께서는 경솔히 들어오지 마시기 바랍니다."라고 하였다. 전지가 왜인을 머물게 하여 스스로 지키면서 바다의 섬에 의지하여 기다렸더니 나라 사람들이 설례를 죽이고 전지를 맞이하여 왕위에 오르게 하였다.
>
> 『삼국사기』백제본기 제3권

결국 국인들이 설례를 죽이고 전지를 왕위에 세웠습니다. 전지는 손에 피 한 방울 묻히지 않고 왕위에 오를 수 있게 되었습니다. 이후 전지를 지지하는 세력(국인세력)과 설례를 지지하는 세력(진 씨 세력)사이의 왕위계승전이 발생하였습니다. 진 씨 세력은 아신왕의 외삼촌이었던 '진무'의 진 씨 세력을 말합니다. 여기서 전지의 지지세력이 승리하면서 진 씨 세력은 힘을 잃게 되었습니다. 그래서 전지왕 즉위 후 해 씨 세력으로 주 세력이 교체되었습니다.

전지왕의『삼국사기』즉위기사를 보면 특이한 점이 하나 있습니다. 바로 부인의 이름이 적혀 있다는 겁니다.

> 왕비는 팔수부인이니 아들 구이신을 낳았다.
>
> 『삼국사기』 백제본기 제3권

보통 부인의 이름은 적지 않는데 적혀 있는 걸 보면 팔수부인의 권력이 좀 있었던 모양입니다. 팔수부인은 일본인으로 추정하고 있습니다. 전지가 일본에 볼모로 갔었다고 했잖아요. 일본에서 지내면서 만난 부인인 것 같습니다. 그리고 아들은 구이신이라고 합니다. 구이신이라는 이름이 조금 특이하죠? 일본에서 태어났기 때문에 일본식 이름으로 지었을 것으로 생각됩니다.

> 2년(406) 봄 정월에 왕이 동명의 사당을 배알하고 남쪽 제단에서 하늘과 땅에 제사를 지냈으며, 크게 사면하였다.
>
> 『삼국사기』 백제본기 제3권

전지왕은 자신의 정통성을 보여주기 위해 아버지처럼 동명왕 사당에 배알을 합니다. 정통성을 보여주기에 아주 좋은 의식인 것 같습니다. 그리고 왕위에 오르기 전에 한 차례 혼란이 있었기 때문에 왕의 안정된 위엄을 보여주기 위해서는 이런 행사를 치르면서 백성들에게 보여줄 필요도 있습니다. 그래서 빼먹지 않고 하지 않았을까 생각됩니다.

만약 해충을 포함한 해 씨 세력이 없었다면 전지왕은 무사히 왕위에 오를 수 있었을까요? 제 생각에는 어려웠을 것 같습니다. 전지왕은 해 씨 덕분에 피를 보지 않고 무사히 왕위에 올랐다고 생각합니다. 전지왕도 모르지 않았을 것이고, 이런 해 씨의 공을 무시할 수 없었습니다. 그래서 해충과 해수, 해구에게 한 자리씩 주었습니다.

― 2년(406) 가을 9월에 해충을 달솔로 삼고, 한성의 곡물 1,000석을 주었다.
3년(407) 봄 2월에 이복동생 여신을 내신좌평에 임명하고, 해수를 내법좌평에 임명하고, 해구를 병관좌평에 임명하니 모두가 왕의 친척이다. ―

『삼국사기』 백제본기 제3권

좌평은 가장 높은 관등으로 장관급 직책이고, 달솔은 좌평 다음으로 높은 관등입니다. 이렇게 높은 관등을 받으며 해 씨 세력은 성장하게 되었습니다.

전지왕은 자신의 지위를 공고히 하기 위해 외국과 연결하기도 합니다. 바로 중국의 진(晉)나라와 일본입니다. 일본은 전부터 계속 백제가 교류했던 국가이고, 『삼국사기』 기록에 일본이 전지왕에게 야명주를 보냈다는 내용이 있습니다. 야명주는 밤에 스스로 빛을 내는 구슬이라고 하는데 굉장히 귀했다고 합니다. 실제로 존재한 물건인지는 모르겠으나, 귀한 물건을 전지왕에게 줄 정도로 일본과 사이가 굳건했던 것 같습니다.

진나라는 중국의 삼국시대를 통일한 왕조입니다. 이후 북방 유목민족에게 밀려 남쪽으로 피신을 갔고, 그때부터 동진이라고 부릅니다. 예전에 존재했던 진시황제의 진(秦)나라*와 한자가 다르니 잘 구분하셔야 합니다. 진나라는 중국의 황제국의 정통을 이어받은 국가로 백제는 이런 진나라의 인정을 받기 위해 사신을 보냈고 조공도 바쳤습니다. 이에 진나라는 백제 왕에게 칭호를 부여해 보답해 줬습니다.

> 12년(416)에 동진 안제가 사신을 보내 왕을 책봉하여 '사지절 도독백제제군사 진동장군 백제왕'으로 삼았다.
>
> 『삼국사기』 백제본기 제3권

사실 현재 우리의 관점에서 보면 중국의 인정을 받는 게 그렇게 중요한 건가 싶긴 할 겁니다. 하지만 역사는 현재의 시각에서만 보면 안 되고 당시의 시대적 상황을 보고 판단해야 합니다. 당시에는 중국이 동아시아의 패권국이었고, 이런 중국의 인정을 받는다는 건 정통성을 인정받은 것과 같았습니다. 그래서 왕들은 중국에 사신을 보내 인정을 받으려고 했습니다. 전지왕도 마찬가지로 정통성을 인정받아 칭호를 획득한 것입니다.

전지왕은 『삼국사기』에 420년에 사망한 것으로 기록되어 있습니다.

---

* 진나라: 전국시대를 통일한 중국 최초의 통일국가. 최초로 황제라는 용어를 사용한 진시황제가 통치한 국가이다.

二 16년(420) 봄 3월에 왕이 돌아가셨다.

『삼국사기』 백제본기 제3권

그런데 중국 측 기록과 『일본서기』에는 다르게 기록되어 있습니다. 중국 측 기록인 『송서』에는 425년, 『일본서기』에는 414년으로 기록되어 있습니다. 어떤 기록이 맞을까요? 일단 중국 측 기록은 구이신왕을 잘못 기술한 것으로 보입니다. 『일본서기』의 기록은 무엇 때문일까요? 일단 다음 장에서 이야기할 거지만 일본은 비유왕을 좋아하지 않았습니다. 그래서 『일본서기』에 비유왕의 기록은 없습니다. 그러다 보니 연도가 맞지 않는 상황이 발생했고, 저렇게 기록이 된 것으로 보입니다.

전지왕은 앞선 왕들과 다르게 큰 일 없이 자연사한 것으로 보입니다.

진사왕부터 아신왕, 전지왕에 이르기까지 아무리 가족이어도 권력 앞에서는 남보다도 못한 모습을 보았습니다. 한 나라의 왕이라는 자리가 가족까지 저버릴 정도로 달콤한 자리일까 하는 생각이 듭니다. 왕의 자리는 욕심이 났다가도 책임감을 생각하면 누가 줘도 안 할 거 같은 자리인데 왜 이렇게까지 갖고 싶어 했을까 궁금해지긴 합니다. 아마 무소불위의 권력이 갖고 싶었겠죠?

구이신왕, 비유왕

* 구이신왕 재위: 420~427
* 비유왕 재위: 427~455

 구이신왕의 기록은 거의 찾아볼 수 없습니다. 『삼국사기』에서도 기록이 달랑 두 개뿐입니다. 그래서 이 시기 백제에서 어떤 일이 있었는지 자세히 알기가 어렵습니다.

> — 구이신왕은 전지왕의 맏아들이다. 전지왕이 돌아가시자 왕위에 올랐다.
> — 8년(427) 겨울 12월에 왕이 돌아가셨다.
>
> 『삼국사기』 백제본기 제3권

 구이신왕의 기록은 왜 두 개밖에 없을까요? 재위기간이 다른 왕에 비해 상대적으로 짧은 편이긴 하나 그래도 8년이라는 기간이었고, 당시 대외적으로 고구려의 위협도 있어서 그에 대비하는 여러 정책들을 시행했어야 했는데 그런 기록들이 전혀 없습니다. 그래서 많은 학자들은 추측을 통해 구이신왕 시대를 그려나갑니다.

전지왕이 죽은 후에는 그의 부인이었던 팔수부인과 내연남 목만치가 권력을 잡고 정치를 혼란스럽게 했습니다. 목만치는 백제의 국인으로 목라근자의 아들인데, 목라근자가 신라를 칠 때 신라 여성에게서 나온 아들이라고 합니다(백제기).『일본서기』에 아래와 같은 내용이 있습니다.

> ─ 25년 백제의 직지왕(전지왕)이 죽었다. 곧 아들 구이신이 왕위에 올랐다. 왕은 나이가 어렸으므로 목만치가 국정을 잡았는데, 왕의 어머니와 서로 정을 통하여 무례한 행동이 많았다. 천황은 이 말을 듣고 그를 불렀다.
>
> ─ 『일본서기』

구이신왕이 어린 나이에 왕위에 올랐기 때문에 어머니였던 팔수부인이 섭정을 하게 됐고, 그의 내연남 목만치도 같이 권력을 얻어 섭정을 하게 된 것입니다. 이렇게 둘이 정치판을 갖고 노니 구이신왕이 무엇을 할 수 있었겠어요. 아무것도 할 수 없었을 겁니다. 그래서 뭔가 정책을 시행했던 기록이 없을 가능성이 있습니다.

이렇게 아무것도 하지 못한 구이신왕을 이어 왕위에 오른 사람은 비유왕입니다.

— 비유왕은 구이신왕의 맏아들로 혹은 전지왕의 서자라고도 하나 어느 것이 옳은지는 알 수 없다. 용모가 아름답고 말을 잘하여 사람들이 떠받들고 존중하였다.

『삼국사기』 백제본기 제3권

— 4년(430) 여름 4월에 송나라*의 문황제는 왕이 다시 조공에 힘쓰므로, 사신을 보내 선왕 영에게 작호를 책봉해 주었다. 전지왕 12년에 동진이 책봉하여 사지절 도독백제제군사 진동장군 백제왕으로 삼았다.

『삼국사기』 백제본기 제3권

— 원가 7년(430) 백제왕 여비(비유왕)가 다시 공물을 바치므로 여영(전지왕)의 작호를 이어받게 하였다.

『송서』

비유왕의 출생은 아직까지 정확히 밝혀진 게 없습니다. 『삼국사기』의 저자 김부식이 살던 고려시대에도 비유왕의 정확한 출생에 대해 몰랐던 것으로 보입니다. 비유왕의 『삼국사기』 즉위기사에는 구이신왕의 맏아들인지 전지왕의 서자인지 모르겠다고 기록되어 있습니다. 현재 학계에서는 전지왕의 서자일 가능성을

---

* 송나라: 동진을 멸망시키고 세운 남조 정권. 후에 건국되는 조광윤의 송나라와 구분하기 위해 유송이라고 부르기도 한다.

높게 보는데요, 그 이유는 전지왕이 동진으로부터 받은 칭호를 비유왕이 그대로 받았기 때문입니다. 아들이었기 때문에 가능하지 않았을까요?

학계에서는 구이신왕에서 비유왕으로 넘어갈 때 정상적 방법으로 넘어가지 않았다고 추측하는데요, 그 이유는 『일본서기』에 비유왕의 기록이 하나도 없기 때문입니다. 구이신왕의 어머니 팔수부인은 일본인으로 추정하고, 구이신왕도 일본에서 태어났습니다. 그래서 이름도 일본식인데요, 이 때문에 일본은 구이신왕을 좋아했습니다. 그런데 그런 구이신왕을 죽이고 왕이 된 비유왕을 일본에서 좋아했을까요? 당연히 싫어했겠죠. 그래서 『일본서기』에 비유왕의 기록이 없는 것을 토대로 비유왕의 즉위가 정변을 통한 게 아니었을까 추정합니다.

자, 그럼 여기서 역사적 상상력을 동원해 소설을 하나 써봅시다. 비유왕은 전지왕의 아들입니다. 비유왕의 입장에서 팔수부인과 목만치의 정치 농단을 지켜봤을 때 어떤 기분이었을까요? 그들을 몰아내고 내가 왕이 되어서 안정적으로 백제를 이끌어 가는 게 좋다고 생각하지 않았을까요? 그래서 정변을 일으켜 왕이 되었고, 구이신왕도 피해자가 아닌 무능한 왕으로 결론지어 죽인 게 아닐까 생각됩니다. 이는 제 개인적인 생각입니다.

> 2년(428) 왜국의 사신이 이르렀는데 수행원이 50명이었다.
> 『삼국사기』 백제본기 제3권

비유왕은 왕이 된 후 일본과 구이신왕 사건을 해결하기 위해 교섭한 것으로 보입니다. 비유왕이 즉위하고 다음 해에 일본에서 사신이 건너왔습니다. 그런데 『삼국사기』에 그 이후에 어떻게 됐다, 또는 일본과 교류했다는 내용이 없는 것으로 보아 이때 일이 잘 해결된 것 같지는 않습니다. 그러니까 『일본서기』에 비유왕의 기록이 없는 게 아닐까 생각됩니다.

— 7년(433) 가을 7월에 사신을 신라에 보내 화친을 청하였다.
8년(434) 봄 2월에 사신을 신라에 보내 좋은 말 두 필을 주었다.
— 8월(434) 가을 9월에 다시 신라에 흰 매를 보냈다.

『삼국사기』 백제본기 제3권

비유왕은 장수왕의 남진정책에 대항하여 나제동맹을 결성한 왕으로 유명합니다. 나제동맹은 신라와 백제의 동맹을 말합니다. 비유왕은 교과서에서 이 나제동맹으로 꼭 언급되는 왕이어서 아마 익숙하실 겁니다. 당시 고구려는 장수왕 집권기로 점점 세력과 영토를 확장하고 있었고, 남쪽으로 세력을 확장하기 위해 평양으로 천도하는 남진정책을 시행했습니다. 이는 남쪽에 있던 백제와 신라에게 위협이 되었고, 두 나라는 고구려에 대항하기 위해 동맹을 맺었습니다. 고구려는 막강한 세력이라서 백제 혼자 대항할 수 없었습니다. 신라도 마찬가지였습니다. 그래서 두 나라가 손을 잡았는데요, 이후 이 동맹에 의해서 신라가 백제에 구원병을 보내주기도 하였습니다. 그건 다음 장에서 설명하도록 하겠습니다.

이후 비유왕의 기록에는 자연재해 같은 안 좋은 기사들이 나옵니다.

- 3년(429) 11월에 지진이 나고, 큰 바람이 불어 기와를 날렸다.
  21년(447) 여름 5월에 궁궐 남쪽 연못 안에서 불이 났는데, 불꽃이 수레바퀴 같았고, 밤새도록 타다가 꺼졌다.
  21년(447) 가을 7월에 가뭄이 들어 곡식이 익지 않으므로 백성들이 굶주려 신라로 흘러 들어간 자가 많았다.
  28년(454)에 별이 비처럼 떨어지고 혜성이 서북쪽에 나타났는데 길이가 두 장 남짓하였다.
- 28년(454) 가을 8월에 누리 떼가 곡식을 해쳐 흉년이 들었다.

『삼국사기』 백제본기 제3권

보통 이런 기록들은 그 왕의 몰락을 예지하기도 합니다. 실제로 자연재해가 일어났을 가능성도 있지만, 정치적 혼란 상황을 자연재해에 비유해서 기록하기도 합니다. 그래서 자연재해 기사가 많으면 당시 정치적 상황이 많이 혼란스러웠다고 추측합니다. 자연재해 기사가 혼란한 정치 상황을 비유했다고 추측할 수 있는 근거는 다음 기사에 나오는 흑룡과 비유왕의 사망 기사입니다.

- 29년(455) 가을 9월에 검은 용(흑룡)이 한강에 나타났는데, 잠

깐 사이에 구름과 안개가 끼어 어두워지더니 날아가 버렸다.

『삼국사기』 백제본기 제3권

비유왕이 죽기 전 기록에 흑룡이 나타났다고 되어 있습니다. 이를 통해 비정상적인 죽음이 아닐까 추정합니다. 왜냐하면 흑룡이라는 존재는 실존하는 게 아니고 상상 속의 존재잖아요. 그래서 어떤 세력을 비유적으로 상징했다고 이야기합니다. 그 세력이 무엇인지 정확히 알 수는 없으나 검은색인 걸로 봐서 북쪽의 어떤 세력이지 않을까 추정됩니다. 검은색은 북쪽의 상징 색깔이거든요. 백제의 북쪽이면 어디일까요? 바로 고구려입니다. 비유왕은 고구려에 대항에 나제동맹을 맺었죠. 거기다가 비유왕은 정변을 통해 왕이 되었기 때문에 그에 따른 반대세력이 있었을 겁니다. 앞에서 자연재해 기사 보셨죠. 백제 내부에서 계속해서 정치적 혼란이 이어졌고, 결국 반대세력과 고구려의 일부 세력이 손을 잡고 비유왕을 시해한 게 아닐까 생각됩니다.

그리고 비유왕의 죽음이 자연사가 아니었을 가능성을 제기하는 증거가 뭐냐 하면, 다음 장에서 나오는데 개로왕 때 비유왕의 무덤이 제대로 조성되지 못했다는 점입니다. 『삼국사기』 개로왕 기록에 선왕의 시신이 제대로 매장되지 못했다는 내용이 있습니다. 아마 정치적으로 매우 혼란했기 때문에 시신을 매장할 정신이 없지 않았을까 생각됩니다.

제 개인적인 생각으로는 비유왕은 대외적으로 혼란스러운 상황을 맞이하지 않았다면 대내적으로 훌륭한 정치를 할 수 있는 인물이지 않았을까 생각합니다. 섭정으로 정치를 농간하는 팔수 부인과 목만치를 내쫓았고, 즉위 후 4부를 순행해 백성들을 어루만져 그들의 삶을 위로해 줬습니다. 그리고 외부의 위험에 대비해 옆 나라와 동맹도 맺었습니다. 아마 환경적으로 조금만 더 받쳐줬다면 우리가 교과서에서 좀 더 길게 볼 수 있는 왕이 되지 않았을까 생각됩니다. 그리고 고구려에 더 효과적으로 대응한 왕으로 배울 수 있지 않았을까요?

개로왕

* 개로왕 재위: 455~475

  개로왕은 앞에서 개루왕을 이야기하며 잠깐 언급이 되었던 왕입니다. 이름이 비슷해서 김부식이 헷갈렸을 가능성을 제기했었죠. 개로왕 즉위기사에 '근개루'라는 용어가 등장합니다.

> 개로왕(혹은 근개루라고도 한다)의 이름은 경사이며, 비유왕의 맏아들이다.
>
> 『삼국사기』 백제본기 제3권

  바로 이런 점 때문에 개로왕과 개루왕이 같은 인물이 아닐까 의심하게 되는 것입니다. 그런데 둘의 기록은 시기상으로 너무 떨어져 있기 때문에 같은 왕일 가능성은 없지 않을까 하는 게 제 개인적인 생각입니다.

　비유왕의 죽음이 의심스럽지만, 개로왕은 확실히 비유왕의 아들이라고 추측합니다. 『삼국사기』에 명확하게 맏아들이라고 기록되어 있기 때문입니다.

　개로왕은 정변을 통해 왕위에 오른 것으로 추정합니다. 일단 선왕이었던 비유왕이 비정상적인 죽음을 맞이했다고 추정하기 때문입니다. 그리고 뒤에서 보겠지만 도림이라는 스님이 "선왕의 해골이 맨땅에 임시로 묻혀 있다."라고 이야기한 기록이 있습니다. 이는 개로왕이 비정상적인 방법으로 왕위에 올랐기 때문에 즉위 초에 여러 가지를 수습할 여력이 없었음을 보여주는 부분이기도 합니다. 이런 기록들을 통해 개로왕이 비정상적인 방법으로 왕위에 올랐다고 추정합니다. 개로왕은 비유왕의 맏아들이라고 기록되어 있잖아요, 그렇다면 비유왕의 친아들이 맞다는 건데, 왜 정변을 통해 왕이 되어야만 했을까요? 비유왕이 반대세력에 의해 죽었다고 했죠. 그래서 개로왕은 아버지를 죽인 반대세력과 싸워서 왕위를 이어야 했습니다. 그래서 왕위 계승 과정에서 정변이 있었을 것으로 추정합니다.

　개로왕은 근초고왕과 비슷하게 『삼국사기』에 즉위 후 한동안 기록이 없다가 14년에 기사가 등장합니다. 앞 장에서 비유왕의 죽음에 어떤 세력이 개입하지 않았을까 추측한다고 했잖아요. 이 세력들에 의한 정치적 혼란이 있었고, 개로왕은 이 시기에 정치적 혼란을 수습하느라 어떤 일도 하지 못했을 것으로 보입니다. 그래서 기록이 없는 거죠. 아무튼 정치적 혼란을 수습한 개로왕은 이제 외부의 적과 맞서야 했습니다. 바로 고구려입니다.

> 15년(469) 겨울 10월에 장수를 보내 고구려의 남쪽 변경을 쳤다.

『삼국사기』 백제본기 제3권

앞 장에서 비유왕이 장수왕의 남진정책에 대비해 나제동맹을 맺었다고 했죠. 개로왕도 고구려의 남진에 대비하지 않을 수 없었습니다. 그런데 개로왕은 비유왕과 다르게 바로 고구려를 공격합니다. 만약 고구려가 당시 다른 왕이었다면(예를 들어 소수림왕이었다면), 조금 결과가 달랐지 않았을까 생각합니다. 하지만 당시 고구려는 막강한 세력을 누리던 장수왕이었고, 개로왕은 잘못 건드린 거죠.

개로왕은 아무래도 혼자서는 불가능하다고 생각했는지 중국에 편지를 보냅니다. 당시 중국은 북위*라는 나라가 주도권을 잡고 있었습니다. 개로왕이 왜 북위로 편지를 보냈냐면 북위와 고구려가 잠시 사이가 안 좋았을 때가 있었습니다. 그래서 개로왕은 이를 이용해 북위를 자기편으로 만들려고 했습니다.

> 신은 고구려와 함께 근원이 부여에서 나왔기에 선대에는 예전의 우의를 돈독하게 유지하였으나 그 조상인 쇠(고국원왕)

---

* 북위: 선비족이 화북 지역에 세운 국가.

가 이웃 나라와의 우호를 가볍게 저버리고 친히 군사를 이끌고 신의 국경을 함부로 짓밟았습니다. 신의 조상인 수(근구수왕)가 군사를 정비하여 번개같이 달려가 기회를 타서 재빠르게 공격하니 화살과 돌이 잠시 오가다가 쇠의 머리를 베어 효수하였습니다. 이로부터 고구려는 감히 남쪽을 넘보지 못하였습니다 (중략) 지금 연(장수왕)은 죄가 있어 나라가 스스로 으깨어지고, 대신과 힘센 귀족들을 살육하기를 그치지 않아 죄가 차고 악이 쌓였으며 백성들은 무너지고 흩어졌습니다. 이는 멸망시킬 수 있는 적기요, 폐하의 손을 빌려야 할 때입니다.

『삼국사기』백제본기 제3권

그런데 개로왕이 몰랐던 사실이 하나 있습니다. 그사이에 장수왕의 노력으로 두 나라는 관계를 회복했던 상태였습니다. 그런데 그걸 모르고 북위에 이런 편지를 보냈던 것입니다. 북위는 백제의 편지를 받고 고구려는 그럴 나라가 아니라며 고구려 편을 들었습니다. 개로왕은 포기하지 않고 계속해서 편지를 보냈습니다.

그런데 어느 날, 백제는 고구려에게 이 편지를 빼앗겼습니다. 북위로 편지를 전해주러 가던 길이 고구려를 거쳐 가야 하는 길이었는데, 가는 길에 고구려 사람들에게 편지를 빼앗겼던 것입니다. 그리고 그 편지는 장수왕에게 전해지게 되었습니다. 내 욕을 하는 편지를 보게 되었을 때 기분이 어땠을까요? 당장 죽이고 싶었을 겁니다. 안 그래도 장수왕은 백제가 차지하고 있던 한강 유역을 굉장히 갖고 싶었고, 이 기회를 통해 백제를 공격하면 되겠다고 생각했습니다.

장수왕은 백제를 공격하기 위한 계획을 세웁니다. 고구려는 당시 군사력이나 국력이 굉장히 강했기 때문에 바로 공격해도 됐습니다. 하지만 장수왕은 신중하게 계획을 세웠습니다. 고구려에는 도림이라는 스님이 있었는데, 이 도림을 백제에 스파이로 보냈습니다. 이 스님은 바둑을 잘 두었다고 합니다. 『삼국사기』에 의하면 개로왕은 바둑과 장기를 좋아했다고 하는데, 장수왕은 개로왕이 바둑을 좋아하는 걸 이용하려고 하였습니다.

> 도림이 말하기를, "대왕의 나라는 사방이 모두 산과 언덕, 강과 바다입니다. 이는 하늘이 세풀어 주신 험한 요새이지 사람이 만든 형국이 아닙니다. 그러므로 사방의 이웃 나라들이 감히 엿볼 마음을 갖지 못하고 단지 받들어 섬기기를 원할 뿐이며 겨를이 없습니다. 그러니 왕께서는 마땅히 숭고한 위세와 많은 업적으로써 남의 이목을 두렵게 해야 하건만, 성곽이 수리되지 않고 궁실도 고치지 않았으며 선왕의 해골이 맨땅에 임시로 묻혀 있고 백성의 집들은 강물에 자주 허물어지니 신은 대왕께서 취할 바가 아니라고 생각합니다."라고 하였다. 왕이 말하기를, "맞소! 내가 장차 그리하겠소."라고 하였다. 이에 나라 사람들을 모두 징발하여 흙을 쪄서 성을 쌓고 그 안에 궁궐과 누각과 전망대와 건물을 지었는데 웅장하고 화려하지 않은 것이 없었다. 또, 욱리하

> 에서 큰 돌을 가져다 덧널을 만들어 아버지의 뼈를 묻었다. 이 때문에 창고가 텅 비고 백성들이 곤궁해지니 나라의 위태로움이 알을 쌓아놓은 것보다 심하였다.
>
> 『삼국사기』 백제본기 제3권

　도림은 개로왕에게 접근해 바둑을 두며 신뢰관계를 쌓습니다. 어느 정도 신뢰가 쌓인 후 도림은 개로왕을 꾀어내기 시작합니다. 나라의 명분에 비해 궁궐이 보잘것없으니 증축하라는 등의 이야기를 하였고, 이에 개로왕은 성을 증축하고 화려한 건물을 만들기 시작했습니다. 또한 무덤도 정비하기 시작했습니다. 이런 노동은 누가 했겠어요? 당연히 백성들이 했겠죠. 이 노동에 동원된 백성들은 힘들어지기 시작했습니다. 또한 이런 큰 건물을 짓기 위해서는 많은 돈이 들어갑니다. 결국 백제의 창고는 점차 비어갔습니다.

　그리고 여기서 잠깐 다른 이야기를 해보자면, 기록에 선왕의 해골이 맨땅에 임시로 묻혀 있다는 말이 있죠. 이를 통해 비유왕의 죽음이 비정상적이었을 것으로, 그리고 개로왕 즉위 시 정치적 혼란이 있었을 것으로 추측한다고 했습니다. 이렇게 추측하기도 하지만 자연현상 때문에 무덤이 드러났을 가능성과, 당시 장례 풍습이었을 가능성도 제기되고 있습니다.

　아무튼 도림은 이런 상황을 지켜보다가 고구려로 다시 올라가 백제의 위태로운 상황을 보고하였습니다. 장수왕은 도림에게서 현재 백제의 상태를 들은 후 본격적으로 쳐들어갔습니다.

— 이에 도림이 도망쳐 돌아가 아뢰니 장수왕이 기뻐하며 장차 백제를 정벌하려고 장수들에게 군사를 주었다. 근개루가 그 말을 듣고 아들 문주에게 일러 말하기를, "내가 어리석고 밝지 못하여 간사한 사람의 말을 믿어 이 지경이 되었다. 백성이 쇠잔하고 군사가 약하니 비록 위태로운 일이 있을지라도 누가 기꺼이 나를 위해 힘써 싸우겠느냐. 나는 마땅히 사직에서 죽겠지만, 네가 이곳에서 함께 죽는 것은 이로울 게 없다. 어찌 난을 피하여 나라의 계통을 잇지 않겠는가?"라
— 고 하였다.

『삼국사기』 백제본기 제3권

개로왕은 상황이 이렇게 되어서야 자신의 행동을 후회했다고 합니다. 하지만 때는 이미 늦었습니다. 개로왕은 일단 자신의 아들 문주왕(개로왕의 동생으로 추측하기도 합니다)을 먼저 피신시킵니다. 그리고 자신이 수도를 지켰습니다.

당시 고구려에서 백제로 쳐들어온 군사 중 '재증걸루'와 '고이만년'이라는 사람이 있었습니다. 이 두 사람은 원래 백제 사람이었으나 정치적 갈등으로 고구려로 도망갔던 사람들입니다. 이 두 사람은 이후 행적에 대한 기록이 없어 정확히 어떤 사람인지 알 수 없으나, 개로왕의 얼굴을 알고 있었다는 점에서 백제의 고위 장수가 아니었을까 추정합니다. 아무튼 이 두 사람이 선봉에 서서 개로왕을 알아보고 개로왕에게 다가갔습니다. 그리고 말에서 내려 왕에게 절을 했습니다.

> 왕이 나가서 도망하자 고구려 장수인 걸루 등이 왕을 보고 말에서 내려 절한 다음에 왕의 얼굴을 향해 세 번 침을 뱉고는 그 죄를 나열한 다음 포박하여 아차성 아래로 보내 죽였다. 재증걸루와 고이만년은 본래 백제 사람이었는데, 죄를 짓고 고구려로 도망했었다.
>
> 『삼국사기』 백제본기 제3권

말에서 내려 절을 한 것은 옛 왕에 대한 예의였을까요? 그러나 곧 개로왕의 얼굴에 세 번 침을 뱉고 포박 후 아차성으로 데려가 죽였다고 합니다. 자신을 섬겼던 신하가 적이 되어 돌아왔고, 그 신하가 내 얼굴에 침을 뱉는 굴욕적인 상황을 맞이한 개로왕의 심정은 어땠을까요? 상상도 하기 싫습니다.

뒤늦게 문주왕이 동맹국 신라의 구원병과 함께 왔지만 때는 이미 늦었습니다. 개로왕의 목은 잘려 아차산성에 전시되고 있었고, 수도는 고구려에게 점령당했습니다. 사실 이때 백제가 멸망해도 이상하지 않았을 상황입니다. 수도를 빼앗기고 왕이 적의 손에 죽었으니 국가 입장에서는 멸망을 선포해도 그 누구도 반박하지 못하는 상황인 거죠. 하지만 문주왕은 포기하지 않고 백제를 이어가기 위해 노력합니다. 그 이야기는 다음 장에서 하겠습니다.

이렇게 백제의 한성 시기가 막을 내렸습니다. 한성 시기는 백제의 역사에서 가장 긴 시간을 차지하며, 가장 찬란한 시기였습니다. 이후 왕들은 이 시기의 찬란함을 되찾고 싶었고 계속해서 한강 유역을 넘봤습니다. 이제는 내 것이 아니게 된 지역을 바라보며 얼마나 속이 상했을까요? '원래 저기가 내 땅이었는데'라는 생각을 하며 원통하고 화가 났을 것 같습니다. 그럼 이후의 왕들은 어떻게 백제의 계통을 이어갔을지 볼까요?

웅진 시기

문주왕, 삼근왕, 동성왕

* 문주왕 재위: 475~477
* 삼근왕 재위: 477~479
* 동성왕 재위: 479~501

문주왕은 『삼국사기』에서는 개로왕의 아들로, 『일본서기』에는 개로왕의 동생으로 기록되어 있습니다. 뒤에서 이야기하겠지만 무령왕릉의 발굴로 『일본서기』의 내용이 완전히 거짓이 아니라는 사실이 밝혀지면서 『일본서기』의 내용도 어느 정도 수용되고 있습니다. 개로왕 재위 당시 문주왕은 상좌평의 자리에 있었는데, 이를 통해 아들이 아닌 동생이라는 가설이 더 맞는 것으로 여겨지고 있습니다.

장수왕의 공격으로 남쪽으로 피난 갔던 문주왕은 신라에 가서 지원군을 받아 옵니다. 하지만 때는 이미 늦었습니다. 개로왕이 이미 아차산성에서 참변을 당한 후였습니다.

> 개로가 성을 닫고 스스로 굳게 지키면서 문주를 보내 신라에 구원을 요청하게 하였다. 문주가 군사 1만 명을 얻어 돌아왔다. 고구려군은 비록 물러갔으나 성이 파괴되고 개로왕이 죽어서 마침내 왕위에 올랐다. 문주왕의 성품은 부드럽고 결단력이 없었으나 또한 백성을 사랑하였으므로 백성들도 그를 사랑하였다.
>
> 『삼국사기』 백제본기 제4권

개로왕이 고구려에 의해 죽임을 당하면서 문주왕은 부랴부랴 짐을 싸 수도를 옮기게 되었습니다. 왕이 갑자기 죽었고, 수도였던 한강도 예상치 못하게 갑자기 빼앗기게 되어서 이때의 천도는 급하게 진행되었습니다. 급하게 진행되다 보니 이것저것 따지면서 고민할 시간이 없었습니다. 그리고 그냥 무조건 '방어'였기 때문에 방어에 유리한 웅진성으로 천도하였습니다. 이 웅진성은 현재 충청남도 공주에 있는 공산성으로 추정합니다.

이 웅진천도 과정에서 활약을 한 게 '해 씨, 목 씨, 진 씨' 세력이라고 합니다. 웅진천도 후 이 세력들 간에 권력다툼이 일어났고, 해 씨가 최종적으로 권력을 독차지하게 됩니다. 이 '해 씨' 중 '해구'라는 사람이 있는데, 문주왕은 해구를 병관좌평에 임명하였습니다. 그러면서 해구는 막강한 권력을 휘두르게 됩니다. 개로왕이 고구려와 전투 중 전사하면서 수도를 빼앗겼고, 이로 인해 도망치듯 수도를 옮겼기 때문에 개로왕의 아들인 문주왕의 왕권은 상상할 수 없을 정도로 약했을 겁니다. 이런 상황에서 권력을 잡은 해구는 백제가 자신의 나라가 된 느낌이었을 겁니다. 해구뿐만 아니라 천도를 도왔던 귀족세력들도 왕을 우습게 보았을 겁니다. 이 시기는 백제 건국 이후 왕권이 가장 낮았던 시기라고 해도 과언이 아닙니다.

이런 상황에서 여러분이 문주왕이 됐다고 생각해 보세요. 여러분이라면 왕권을 되찾기 위해 어떻게 했을 건가요? 실제 문주왕은 어떻게 했을까요?

문주왕은 자신의 측근인 '곤지'라는 사람을 불러옵니다. 곤지는 누구일까요? 곤지에 대해서 설명드리도록 하겠습니다.

― 3년(477) 여름 4월에 왕의 아우 곤지를 내신좌평으로 삼고,
― 맏아들 삼근을 태자로 책봉하였다.

『삼국사기』백제본기 제4권

곤지는 개로왕 때 공신입니다. 『삼국사기』에는 개로왕의 아들이라고 기록되어 있고, 『일본서기』에서는 개로왕의 동생이라고 기록되어 있는데, 보통 『일본서기』의 내용을 따라 개로왕의 동생으로 받아들이고 있습니다. 개로왕의 동생이면 문주왕과도 형제관계입니다.

개로왕 전의 비유왕의 기록을 보면 죽기 전 흑룡이 나타났다고 앞에서 이야기했죠. 이를 통해 비유왕에서 개로왕으로 넘어가는 시기에 정변이 있지 않았을까 추정하고, 개로왕은 정변으로 왕위에 올랐을 것으로 추정합니다. 『삼국사기』에는 개로왕 즉위 후

13년 동안의 기록이 없는데요, 정변 후 상황을 정리하고 정비하는 과정이 있어서 기록이 없지 않을까 추정합니다. 아무튼 이 시기 혼란을 수습하면서 곤지가 공을 세워 공신으로 책봉된 것으로 봅니다. 이후 곤지는 백제와 일본의 관계개선을 위해 일본으로 파견됩니다.

문주왕은 이 곤지를 다시 불러 자신의 자리를 굳건히 하고자 하였습니다. 혼란한 시국에 믿을 건 핏줄밖에 없다고 생각했던 문주왕은 자신의 핏줄 곤지를 백제로 불렀습니다. 당시 백제 내부에서는 해구가 권력을 잡고 있으니 해 씨 세력 이외의 다른 귀족들의 불만이 있었습니다. 그래서 반해구세력이 결집되었고, 곤지가 그 세력의 수장 역할을 하게 되었습니다. 곤지도 돌아왔고, 반해구세력도 결집됐겠다, 해구는 물러났을까요? 아닙니다. 해구의 권력은 생각보다 강했습니다.

> 3년(477) 5월에 검은 용이 웅진에 나타났다.
> 3년(477) 가을 7월에 내신좌평 곤지가 죽었다.
> 3년(477) 가을 8월에 병관좌평 해구가 권력을 마음대로 휘두르고 법을 어지럽히며 임금을 무시하는 마음이 있었으나 왕이 제어할 수 없었다.
>
> 『삼국사기』 백제본기 제4권

결국 해구는 곤지를 살해했습니다. 『삼국사기』 기록에 곤지가 죽기 전 기록에 흑룡이 나타났다고 되어 있는데요, 이는 계속 이야기했지만, 암살을 의미합니다. 반해구세력의 수장이었던 곤지가 사망하니 그를 추종했던 세력들은 혼란해졌겠죠? 이후 해구는 사냥터에서 방비가 느슨해진 틈을 타 문주왕까지 시해합니다.

— 3년(477) 9월에 왕이 사냥하러 나갔다가 밖에서 묵었는데, 해구가 도적을 시켜 왕을 해치니 끝내 돌아가셨다.

『삼국사기』 백제본기 제4권

이렇게 문주왕은 3년이라는 짧은 재위기간을 가졌지만 그 어떤 왕보다 혼란스러운 시대를 맞이했던 왕이기도 합니다. 아마 3년이 30년 같지 않았을까요?

자신을 반대했던 왕을 죽인 해구는 자신의 입맛대로 움직일 새로운 왕을 세우는데요, 바로 삼근왕입니다.

— 삼근왕(혹은 임걸이라고도 한다)은 문주왕의 맏아들이다. 문주왕이 돌아가시자 왕위를 이었는데, 나이가 13세였다. 군사와 정치에 관한 일체를 좌평 해구에게 맡겼다.

『삼국사기』 백제본기 제4권

삼근왕은 『삼국사기』 기록에 따르면 13살의 어린 나이에 즉위했다고 합니다. 삼근왕의 재위기간은 3년밖에 되지 않는데요, 왜 그랬을까요? 한번 보도록 합시다.

삼근왕은 문주왕의 아들이었지만 나이도 어렸고, 해구가 권력을 강하게 잡고 있어서 함부로 해구를 죽이지 못했습니다. 이에 반해구세력 중 하나였던 진 씨 세력이 해구를 견제하려고 하자 해구는 반란을 일으킵니다. 하지만 왕은 군사 500명을 동원해 해구의 반란을 진압하고, 반란에 가담한 연신이 고구려로 도망가자 그 아내와 자식을 웅진(공주)의 저자에서 목을 베었다고 합니다.

> 왕은 다시 덕솔 진로에게 명하여 정예 군사 500명을 거느리고 해구를 공격하여 죽이게 하였다. 연신이 고구려로 달아나자 그 아내와 자식을 붙잡아 웅진 저자에서 목을 베었다.
>
> 『삼국사기』 백제본기 제4권

 왕을 허수아비로 앉혀놓고 권력을 누리던 해구가 죽었으니 권력이 왕에게로 돌아갔겠죠? 과연 그랬을까요? 기록에는 왕이 진압했다고 나오나 실제적으로는 반해구파를 결성했던 귀족세력들에 의해 진압되었습니다. 해구의 반란 진압에 앞선 진 씨 세력은 왕을 위해 충성했던 신하들이 아니었습니다. '귀족'세력으로서 자신들도 권력을 갖고 싶어 했죠. 그래서 해구의 권력이 왕에게 돌아가는 것이 아니라 자신들에게 오길 바랐던 것 같습니다.

 『삼국사기』 기록에 삼근왕은 즉위한 지 3년 만에 죽는다고 되어 있는데요, 아마 해구가 죽고 삼근왕의 정치적 기반까지 흔들리면서 반해구세력에 의해 폐위되었을 가능성이 있습니다. 반해구세력이 삼근왕을 그냥 폐위만 시킨 건지, 아니면 죽인 건지 확실히 알 수는 없으나, 삼근왕이 10대의 나이에 죽었기 때문에 아마 이들에 의해 죽음을 당한 게 아닐까 추측해 봅니다.

만약 반해구세력과 진 씨 세력이 왕을 위해 해구의 반란을 진압했던 것이라면 삼근왕이 계속해서 왕위를 이어나갔어야 했는데 그러지 못하고 동성왕이 즉위했습니다. 이것으로 보아 진 씨 세력은 자신들에게 권력이 오길 바랐던 것 같습니다.

이제 동성왕으로 넘어가 보겠습니다.

— 동성왕의 이름은 모대(혹은 마모라고도 한다)이며, 문주왕의 동
— 생인 곤지의 아들이다.

『삼국사기』 백제본기 제4권

삼근왕이 죽고 새로운 왕을 옹립해야 하는데, 진 씨 세력은 강력한 왕은 원하지 않았습니다. 그렇다고 왕이 될 근거가 없는 사람을 왕 자리에 올릴 순 없겠죠. 그래서 찾은 사람이 곤지의 아들입니다. 곤지 기억나시나요? 바로 앞에서 이야기했는데요, 이 곤지가 일본에서 낳은 아들이 동성왕입니다. 동성왕에게는 유명한 형이 한 명 있습니다. 바로 이후 왕이 되는 무령왕인데요, 왜 형이 먼저 왕이 되지 않고 동생이 먼저 왕이 되었을까요?

진 씨 세력은 권력을 왕에게 넘기기 싫어했다고 했죠. 그래서 이들은 자신들이 마음껏 휘두를 수 있는 왕을 원했습니다. 무령왕은 당시 성인의 나이였다고 합니다. 그래서 그보다 어린 동성왕을 선택한 것인데요, 학자들이 추정하기로 당시 동성왕의 나이는 10세 전후로 아주 어렸을 것으로 추정합니다. 나이가 어리니

자신들이 마음대로 할 수 있을 것이라고 생각한 거죠. 그래서 동성왕이 왕이 되었고, 동성왕 4년에 진 씨 세력 중 한 명인 '진로'라는 사람이 병관좌평에 오릅니다. 진 씨 세력은 이제 백제는 자기들 손안에 있다고 생각했을 거예요.

> 8년(486) 봄 2월에 백가를 위사좌평으로 삼았다.
>
> 『삼국사기』 백제본기 제4권

하지만 동성왕은 그들의 바람대로 움직이지 않았습니다. 동성왕은 어느 정도 성장한 후 왕권을 강화하고 백제의 국력을 강화하기 위해 움직입니다. 문주왕 때부터 계속해서 귀족들의 시달림을 받았기 때문에 새로운 세력을 만들 필요성을 느꼈습니다. 그래서 신진세력을 등용하는데요, 그중 한 명이 '백가'라는 사람입니다. 동성왕은 백가를 위사좌평에 임명하여 자신의 세력을 구축해 나갑니다.

동성왕은 이렇게 내부에 자신의 측근세력을 만들고, 외부에도 동맹을 만듭니다. 바로 여러분들이 교과서에서 배운 신라와의 결혼동맹입니다.

> 15년(493) 봄 3월에 왕이 신라에 사신을 보내 혼인을 청하니 신라왕이 이찬 비지의 딸을 시집보냈다.
>
> 『삼국사기』 백제본기 제4권

동성왕은 신라의 '이찬'이라는 관직을 가진 '비지'라는 사람의 딸과 결혼해 내외에 자신의 편을 만들어 왕권을 굳건히 하기 위한 시도를 합니다. 그리고 후에 진 씨 세력 진로가 죽자 웅진 지역 토착 귀족이었던 연돌을 병관좌평으로 임명해 기존 귀족세력을 견제하려고 하였습니다. 결혼동맹은 새로운 외척세력을 만들어 기존의 귀족세력을 견제하기 위한 목적도 있었지만 신라와 연합해 고구려에 대항하기 위한 이유도 있었습니다.

— 8년(486) 3월에 사신을 남제에 보내 조공하였다.

『삼국사기』 백제본기 제4권

동성왕은 남제와도 연결하는 등 귀족들의 간섭에서 벗어나 왕권을 강화하려고 많은 노력을 한 것으로 보입니다. 중국 남조의 왕조였던 남제에 적극적 외교공세를 펼쳐 조공, 책봉의 관계가 성립되었습니다. 또한 동성왕은 남제의 황제에게 왕족들을 후로 책봉해 달라는 편지를 보냅니다.

— 건무 2년에 모대가 사신을 보내 표문을 올려 다음과 같이 말하였다. (중략) "엎드려 바라옵건대 천은을 베푸시어 특별히 관작을 제수하여 주십시오."라고 하였다.

남제서 『동남이열전』

이렇게 한반도 내부는 물론 중국 왕조까지 연결해 자신의 권력기반을 튼튼히 하려고 하였습니다.

- 12년(490) 9월에 왕이 나라 서쪽 사비 벌판에서 사냥하였다.

『삼국사기』 백제본기 제4권

동성왕은 사비(현재 충남 부여)로 천도하려고 시도했던 모습도 보입니다. 백제 왕들은 사냥을 잘 나갔습니다. 동성왕은 3차례 사비로 사냥을 나갔는데, 이는 사비 지역을 천도지의 후보 중 하나로 염두에 둔 것으로 봅니다. 동성왕이 왜 천도를 하려고 했는지 정확한 이유는 알 수 없으나, 아마 강해진 귀족들의 세력을 약화시키기 위해 천도를 시도하지 않았을까 추정합니다. 하지만 좌평들의 반대에 부딪혀 시행하지는 못했다고 합니다. 천도는 정말 웬만한 왕권 갖고는 힘든 일인 것 같습니다.

이렇게 동성왕은 귀족세력을 견제하는 등 정치를 잘하는 듯하다가 무슨 일인지 갑자기 정사를 제대로 돌보지 않기 시작합니다.

- 22년(500) 봄에 임류각을 궁궐 동쪽에 세웠는데 높이가 다섯 길이었다. 또한 연못을 파고 기이한 짐승을 길렀다. 간언하는 신하들이 반대하며 상소하였으나 대답하지 않고, 다시 간언하는 자가 있을까 염려하여 궁궐 문을 닫아 버렸다.
- 22년(500) 5월에 가물었다. 왕이 측근들과 더불어 임류각에서 잔치를 베풀며 밤새도록 환락을 즐겼다.

『삼국사기』 백제본기 제4권

이때 동성왕에게 도대체 무슨 일이 있었던 걸까요? 동성왕이 갑자기 이렇게 된 이유는 그 어디에도 나와 있지 않아 알 수 없습니다. 그냥 추측만 해보는 거죠. 임류각을 짓기 전 해에 이런 기사가 있습니다.

— 21년(499) 여름에 큰 가뭄이 들어 백성들이 굶주려서 서로 잡아먹고, 도적이 많이 일어났다. 신하들이 창고를 열어 진휼하여 구제할 것을 청하였으나 왕이 듣지 않았다. 한산 사람 중 고구려로 도망간 자가 2,000명이었다.

『삼국사기』 백제본기 제4권

이미 동성왕은 신하들의 말을 듣지 않고 있었습니다. 이는 동성왕이 폭군의 면모를 보인다고 해석할 수도 있고, 왕권이 강해져서 신하들의 말을 듣지 않아도 되는 것으로 해석할 수도 있습니다. 제 개인적인 생각으로는 일단 기록만 보면 폭군의 모습이 많이 보입니다. 왕권이 강화된 건 당연히 좋습니다. 하지만 강화된 왕권을 어떻게 사용하는지가 더 중요합니다. 강화된 왕권을 백성과 나라를 위해 쓰는 왕과, 자신의 즐거움과 편안함을 위해 쓰는 왕 중 어느 왕이 왕권을 제대로 쓴다고 할 수 있을까요? 동성왕은 강해진 왕권을 자신을 위해 썼습니다.

『삼국사기』를 저술한 김부식은 동성왕에 대해 이렇게 이야기합니다.

─ 지금 모대왕(동성왕)은 간언하는 글이 올라와도 살펴보지 않고, 도리어 문을 닫고 이를 막았다. 장자에서 말하기를 " 허물을 보고도 고치지 않으며, 간하는 말을 듣고도 더욱 심해지는 것을 사납다고 말한다."라고 하였으니, 이는 모대왕을 두고 하는 말일 것이다. ─

『삼국사기』 백제본기 제4권

이후 『삼국사기』 동성왕의 기록을 보면 동성왕 21년 백성들이 굶어 고구려로 도망가는 일이 발생하고, 전염병도 크게 돕니다. 이런 상황에서 궁궐 동쪽에 임류각을 짓고, 그 임류각에서 잔치를 열었습니다. 그런데 잔치를 열었을 때는 가물어 있는 상황이어서 백성들이 굉장히 힘들었습니다. 백성들의 힘든 상황은 보지 않고 잔치를 열었던 겁니다. 동성왕은 자신들에게 간언하는 자들의 이야기를 듣지 않고, 궁궐 문을 닫아버렸다고 합니다. 이러하니 귀족들이 동성왕에게 점차 적대감정을 가지지 않았을까요?

─ 23년(501) 봄 정월에 왕도의 늙은 할멈이 여우로 변하여 사라졌다. 호랑이 두 마리가 남산에서 싸웠는데 잡으려 했으나 잡지 못하였다. ─

『삼국사기』 백제본기 제4권

그리고 수도에서 권력싸움을 암시하는 듯한 기록이 등장합니다. 일단 여우는 나라에 재앙이 생긴다는 것을 이야기하고, 호랑이는 권력자를 의미합니다. 호랑이 두 마리가 누구일지 정확히 알 수는 없지만 권력자임은 분명한 거 같습니다. 호랑이라는 동물이 강함과 권력을 상징하잖아요. 그래서 이는 귀족 세력 중 동성왕 측근파와 반대파의 권력싸움일 것으로 추측합니다. 동성왕이 계속해서 정치와 백성을 돌보지 않는 모습을 보였잖아요, 그래서 반대파가 형성되었고 두 세력 간에 정쟁이 벌어진 것 같습니다.

앞에서 동성왕이 기존 귀족세력을 견제하기 위해 신진세력을 등용했다고 했고, 그중 하나가 백가라고 했잖아요. 동성왕은 이 신진세력들도 자신의 자리를 위협할 수 있다고 생각했던 것 같습니다.

—
23년(501) 8월에 가림성을 쌓고 위사좌평 백가에게 지키게 하였다.
23년(501) 11월에 왕이 웅천 북쪽 벌판에서 사냥하였다. 또 사비 서쪽 벌판에서 사냥하였는데 큰 눈에 막혀 마포촌에서 묵었다. 이전에 왕이 백가에게 가림성을 지키게 하자 백가는 가지 않으려고 하여 병을 핑계로 사양하였으나 왕이 허락하지 않았다. 이 때문에 왕을 원망하였는데, 이때에 이르러 사람을 시켜 왕을 칼로 찔렀다.
—

『삼국사기』 백제본기 제4권

이에 동성왕은 위사좌평이었던 백가를 갑자기 가림성으로 보내는데요, 좌평이라는 최고의 관직을 가진 사람이 갑자기 중앙에서 밀려나 지방을 지키는 일을 한다? 당시에는 이를 좌천으로 생각했다고 합니다. 그래서 백가는 가지 않으려 건강을 핑계로 거절하였지만, 동성왕은 허락하지 않았고, 이에 불만을 품은 백가는 자객을 시켜 사냥터에 나가 있는 동성왕을 살해하였습니다.

> 12월에 이르러 왕이 돌아가시니 시호를 동성왕이라 하였다.
> 『삼국사기』 백제본기 제4권

동성왕은 백제 왕 최초로 시호를 사용한 왕입니다. 시호는 왕이 죽은 뒤 업적에 따라 정합니다. 기존에 백제 왕들은 시호를 사용하지 않고 그냥 이름에 왕을 붙여 사용했습니다. 백제는 동성왕 때 시호를 사용하기 시작하면서 한층 중앙집권화된 모습을 보여줍니다.

동성왕은 비록 말년에 정사를 돌보지 않고 결국 시해당했지만 백제가 제2의 전성기를 맞이할 수 있게 기반을 닦아준 왕으로 평가받기도 합니다. 나제동맹을 통해 외부의 위협으로부터 안정시켰고, 약화된 왕권을 어느 정도 올려놨습니다. 귀족세력에게 휘둘리지 않고 자신의 지위를 굳건하게 지키기 위해 많은 시도를 하고 노력했다는 게 동성왕의 업적 아닐까요?

동성왕은 왕권 강화를 꿈꾸었고, 실제로 왕권 강화를 위해 여러 정책을 시행한 왕이지만 결국 자연사하지 못하고 다른 왕들처럼 시해를 당했습니다.

문주왕부터 시작된 백제의 웅진 시기는 왕권의 추락을 의미했습니다. 강력한 왕권으로 귀족을 견제하기 위한 천도가 아닌 외부 세력에 의해 수도를 빼앗기고 쫓기듯이 천도했기 때문에 왕권은 땅속까지 추락했습니다. 결국 웅진시대의 세 명의 왕은 귀족 세력에 의해 시해를 당하는 불운을 맞이하게 되었습니다. 이런 상황이 계속되면 백제에게 이로울 게 없겠죠. 그래서 왕권을 강화하기 위해 개혁을 시도하는 왕이 등장합니다. 바로 다음 장에서 살펴볼 무령왕입니다.

무령왕

* 무령왕 재위: 501~523

    무령왕은 한국사 공부할 때 빼놓지 않고 꼭 이야기하는 왕입니다. 무령왕릉의 존재 덕분인데요, 무령왕릉 이야기는 나중에 하기로 하고, 먼저 무령왕이 살아 있을 때 이야기를 먼저 하겠습니다.

> 무령왕의 이름은 사마(혹은 융이라고도 한다)이니 모대왕의 둘째 아들이다. 키가 8척이오, 눈매가 그린 듯하였으며 인자하고 너그러워 민심이 그를 따랐다. 모대가 재위 23년에 돌아가시자 왕위에 올랐다.
>
> 『삼국사기』 백제본기 제4권

    『삼국사기』 기록에 보면 무령왕은 동성왕의 아들이라고 기록되어 있습니다. 그런데 책마다 무령왕의 출신이 다르게 기록되어 있어 확실한 것은 모릅니다. 무령왕릉 발굴 이후 그 안에 있던 기록에서 무령왕이 동성왕과 삼근왕보다 나이가 많다는 것을 알게 되어서 동성왕의 아들이라는 설은 힘을 잃었습니다. 일단 동성왕보다 나이가 많다는 것은 확실한 정보입니다. 무령왕은 과연 누구의 아들일까요?

『삼국사기』에는 무령왕이 동성왕의 둘째 아들이라고 하는데, 무령왕릉 발굴로 인해 나이가 더 많음이 밝혀졌으니, 이 기록은 진실이 아닌 것으로 하겠습니다. 그렇다면 『일본서기』를 봐야 하는데, 일본 측 기록이기도 하고 『일본서기』 자체가 신빙성에 의문이 많은 책이라서 이 기록을 믿어도 되는 건지 의심은 됩니다. 그런데, 무령왕릉이 발굴되고 『일본서기』의 기록과 무령왕의 생몰년이 교차검증이 되어 『일본서기』 내용이 어느 정도 신빙성을 얻었습니다. 그래서 『일본서기』에서는 무령왕의 출생에 대해 어떻게 이야기하고 있는지 볼 필요가 있습니다. 『일본서기』에서는 개로왕이 임신한 부인을 곤지에게 선물했고, 둘이 일본에 가는 중간에 섬에서 머물렀는데 여기서 무령왕이 태어났다고 합니다. 사마라는 이름이 섬에서 나온 아이라는 뜻을 갖고 있습니다. 임신한 부인을 선물했다는 게 이해가 안 갈 텐데요(저도 그랬거든요) 당시 풍습 중 하나였다고 합니다. 아무튼 그래서 무령왕은 개로왕의 아들이기도 하고 곤지의 아들이기도 하는 그런 출생의 비밀을 갖고 있다고 합니다.

무령왕은 즉위 후 동성왕에 이어서 귀족들의 세력을 견제하기 위한 정책을 시행합니다. 이전 왕들이 귀족들에게 시해당했잖아요. 자신도 그렇게 죽긴 싫었을 겁니다. 그래서 타살이 아닌 자연사하기 위해 왕권 강화 정책들을 시행합니다.

> 원년 봄 정월에 좌평 백가가 가림성을 거점으로 반란을 일으키니 왕이 군사를 거느리고 우두성에 이르러 한솔 해명에게 토벌을 명하였다. 백가가 나와 항복하자 왕이 그의 목을 베어 백강에 던졌다.
>
> 『삼국사기』 백제본기 제4권

일단 무령왕은 즉위하면서 백가의 목부터 날려버립니다. 백가는 무령왕이 즉위한 후 반란을 일으키는데요, 아마 동성왕을 시해한 후 무령왕까지 자신의 손아귀에 넣으려고 했던 것 같습니다. 무령왕은 군대를 동원해 백가를 제압하고 항복하는 백가의 목을 베어 백강(지금의 금강)에 던졌습니다. 이렇게 귀족세력을 무력으로 제압한 무령왕은 본격적으로 왕권 강화 정책들을 시행해 나갔습니다.

> 백제는 도성을 고마라 하고 읍을 담로라 하는데, 이는 중국의 군현과 같은 말이다. 그 나라에는 22담로가 있는데, 모두 왕의 자제와 종족에게 나누어 웅거케 하였다.
>
> 양서 동이열전

무령왕에 대해서 배울 때 "22담로를 설치해 왕족을 파견했다."는 사실을 배우게 됩니다. 담로의 존재는 무령왕 이전부터 보이긴 하는데요, 정확히 언제부터 설치된 건지 알 수 없고, 웅진시대부터 시작됐다는 것 하나만 정확히 알 수 있습니다. 담로는 지방을 효과적으로 통치하기 위해 중심이 되는 성을 만들어 그 지역을 지배한 것을 말합니다. 무령왕은 22개의 '담로'라는 지방행정구역을 설치하고 이곳을 다스리는 사람으로 '왕족'을 파견합니다. 기존에 귀족이 다스리던 지방을 왕족이 다스리게 하여 귀족의 힘을 약화시키려고 하였습니다. 그러니까 지방세력을 왕권 아래에 두겠다는 거죠.

21년(521) 겨울 11월에 사신을 양나라*에 보내 조공하였다. 이때 표문을 올려 "여러 차례 고구려를 깨뜨려 비로소 양나라와 우호를 맺었으며 다시 강한 나라가 되었다."라고 칭하였다.

백제왕 여륭은 해외에서 변방을 지키며 멀리서 조공의 의무를 다해 이곳까지 진실한 정성이 도달하니 짐은 이를 가상히 여긴다. 마땅히 예전의 법례에 따라 영예로운 명을 내려 사지절 도독 백제제군사 영동대장군으로 삼을 만하다.

『삼국사기』 백제본기 제4권

---

* 양나라: 남제가 멸망한 후 건국된 중국 남조의 국가.

무령왕은 고구려와 전투에서 승리하고 다시 강한 나라가 되었다고 양나라에 이를 알렸습니다. 개로왕 전사 이후 고구려에 계속해서 복수의 기회를 노리고 있던 백제는 국력을 키운 끝에 승리하였습니다. 복수에 성공했으니 정말 기뻤겠죠. 이 기쁜 소식을 중국 양나라에 알렸습니다. 이에 중국 남조에 있던 양나라로부터 '백제제군사 영동대장군'이라는 칭호를 받았습니다. 이렇게 중국의 정식 인정까지 받아 왕의 자리를 더욱 튼튼하게 하였습니다.

> 23년(523) 봄 2월에 왕이 한성으로 행차하였다.
>
> 『삼국사기』 백제본기 제4권

고구려에 대한 복수에 성공한 무령왕은 옛 수도 한성으로 행차하였습니다. 솔직히 웅진성이 좋아서 천도한 게 아니잖아요. 백제로서는 개로왕이 수도 한성(위례성)을 고구려에게 빼앗겨서 쫓기듯 내려왔기 때문에 늘 한성을 다시 찾아야 한다는 생각이 있었을 겁니다. 한성은 한강 유역으로, 수도로 삼기 좋은 곳이어서 백제뿐만 아니라 고구려와 신라 모두 원하던 지역이었습니다. 백제는 한성에서 전성기를 맞이했었고, 그랬기에 과거의 위상을 되찾으려면 반드시 한성을 되찾아야 했습니다. 그래서 고구려에 맞서 싸웠고, 일시적으로 한성의 일부를 되찾았던 것 같습니다. 이후 백제는 과거의 위상을 되찾을 수 있었을까요? 무령왕 이후 왕들의 행보를 차차 지켜보도록 하죠.

이렇게 왕권 강화 정책을 시행한 무령왕은 이전의 웅진시대 왕들과 다르게 자연사할 수 있게 되었습니다. 웅진시대 왕 중 유일하게 자연사 한 왕입니다. 무령왕은 귀족들에게 대항해 왕권 강화 정책 등을 펼쳐 백제가 제2의 전성기를 맞이할 수 있게 발판을 마련한 왕으로 평가를 받습니다.

이렇게 백제 중흥의 발판을 마련한 왕이지만 무령왕에게는 가슴 아픈 이야기가 있습니다.

현재 충청남도 공주에 가면 무령왕릉이 있습니다. 혹시 가본 적 있으신가요? 무령왕릉은 다른 무덤과 함께 있는데요, 다른 무덤은 5호분, 6호분 이런 식으로 이름이 붙지만 무령왕릉은 '무령왕'이라는 무덤 주인의 이름이 붙어 있습니다. 왜 그럴까요? 당연히 무덤의 주인을 알 수 있기 때문이죠. 무령왕릉은 백제 무덤 중 유일하게 주인을 알 수 있는 무덤입니다. 무령왕릉은 다른 무덤과 다르게 도굴이 안 됐기 때문에 무덤 주인의 이름이 적힌 묘지석까지 발견되었고, 그래서 정확한 주인을 알 수 있습니다.

고대시대 무덤은 지금의 무덤과 양식이 조금 다릅니다. 고대인들은 사람이 죽으면 그 영혼이 자신의 무덤을 들락날락한다고 생각했습니다. 그래서 무덤을 방처럼 만들고 출입이 쉽게 입구도 만들었습니다. 그러다 보니 도굴이 굉장히 쉬웠습니다. 백제의 무덤을 도굴한 사람 중 가장 유명한 사람은 '가루베 지온'이라는 사람입니다. 이 사람은 일본인이고, 일제강점기에 조선에 들어와 공주 지역에서 교사를 했습니다. 원래 고고학에 관심이 많았던 가루베 지온은 공주 지역의 무덤을 연구 명분으로 도굴하기 시작했습니다. 사실 그 전부터 도굴되어 있던 무덤이 꽤 있었습니다.

가루베 지온은 후에 자신이 도굴한 유물들의 행방에 대해 발뺌하기도 했다고 합니다. 공주 지역의 백제 무덤들이 이렇게 무자비하게 도굴을 당했지만 무령왕릉은 온전히 살아남을 수 있었습니다. 왜 그랬을까요? 무령왕릉은 두 개의 무덤 사이에 있고 봉분의 높이도 낮아 무덤으로 인식하기 어려웠다고 합니다. 그래서 도굴이 안 되었고 온전히 남아 있을 수 있었습니다.

무령왕릉이 발견된 과정은 드라마 같습니다. 무령왕릉은 1970년에 발굴되었습니다. 무령왕릉 옆에 송산리 6호분이 있는데, 이 무덤은 주인을 알 수 없어 발견된 순서에 따라 6호분이라는 이름이 붙었습니다. 이 6호분은 벽돌무덤인데, 물이 새서 보수공사를 하던 중 뭔가 걸리는 게 느껴졌다고 합니다. 그래서 보니까 무덤 입구 같은 게 보였답니다. 이후 국가유산청(구 문화재청)에서 조사를 나왔고 무령왕의 무덤임이 밝혀졌습니다. 이야기했듯이 우리나라 고대의 무덤은 주인을 알 수 없는 경우가 대다수라 온전히 발굴된 무령왕릉의 발굴은 고고학계에 엄청난 발견이 되었습니다.

앞에서 무덤 주인의 이름이 적힌 묘지석이 발견되었다고 했잖아요, 이 묘지석에 '사마왕'이라는 글자가 적혀 있었습니다. 이 '사마왕'은 무령왕을 말합니다. 그래서 무령왕의 무덤임을 알게 되었습니다. 처음 발견한 분들이 묘지석을 읽고 사마왕이라는 글자를 발견했을 때 얼마나 벅차고 감격스러웠을까요?

무령왕의 무덤임을 확인한 후 국가유산청에서는 사람들이 몰릴 걸 염려하여 언론에 알리지 않았다고 합니다. 하지만 소문이란 참 신기합니다. 발 없는 말이 천리 간다고 무령왕릉 발견 소식은 금방 퍼지게 되었습니다. 어떻게 알려지게 됐냐면, 국가유산청에서 갑자기 분주한 움직임을 보이니 거기서 잠복하고 있던 기자가 따라갔다고 합니다. 그래서 무령왕릉 발굴 소식을 알게 되었고, 단독으로 기사를 냈습니다. 이 소식은 빠르게 퍼져 나갔고, 무령왕릉의 발굴 소식은 널리 널리 알려지게 되었습니다.

일제강점기 이후 우리의 기술로 발굴이 이루어진 게 거의 없었고, 거기다가 왕릉의 주인이 명확히 밝혀진 게 처음이니 얼마나 큰 이슈였겠어요. 여기저기에서 사람들이 구경 오고, 기자들도 어마어마하게 몰려왔다고 합니다. 이를 통제하는 경찰들도 발굴 과정을 보느라 제대로 통제하지 못해 발굴 현장은 아수라장이 되었다고 합니다. 결국 언론사 기자들에게 사진을 찍을 때 찍을 수 있는 공간과 시간을 정해줬지만 제대로 지키지 않는 경우가 나타났고, 한 기자가 마음대로 왕릉 안을 돌아다니다가 청동 숟가락을 밟아 부러뜨리는 일도 발생했다고 합니다.

당시 발굴 총책임자였던 김원룡 박사님은 통제가 되지 않는 상황에서 발굴을 진행하기가 어렵다고 판단하고 밤샘 작업을 통해서라도 빨리 작업을 마쳐야겠다고 결정하셨습니다. 그래서 굉장히 빠른 시일 내에 졸속으로 발굴이 이뤄졌습니다. 나중에 김원룡 박사님께서 이 일을 회고하시면서 자신의 결정을 엄청나게 후회하셨다고 합니다.

원래 발굴은 오랜 기간 이루어집니다. 펜스를 치고 외부인의 관람과 통행을 막은 후 진행합니다. 그리고 유물의 위치를 일일이 다 기록하고 사진도 찍고, 발굴 과정도 상세하게 기록하면서 진행합니다. 또한 유물을 가져올 때도 조심스럽게, 흙과 먼지를 털어낸 후 정말 조심스럽게 가져옵니다. 그래서 기본 몇 개월에서 몇 년까지도 진행됩니다. 하지만 무령왕릉은 단 하루 만에, 아니 하루도 걸리지 않고 밤샘 작업을 통해 발굴이 끝났습니다. 그래서 발굴 과정에 대한 기록이 제대로 남아 있지 않고, 졸속발굴이라는 오명을 얻게 되었습니다. 무령왕릉의 발굴은 한국 고고학계의 엄청난 사건이지만 가장 후회되는 발굴이 되었습니다.

고고학계는 이 일을 계기로 반성했고, 이후 발굴부터는 심혈을 기울여 진행했다고 합니다. 이다음에 발굴된 무덤이 천마총인데요, 8개월의 기간 동안 발굴 작업을 진행했다고 합니다. 무령왕릉 발굴의 경험을 반면교사 삼아 고고학계가 발전할 수 있었던 것이죠.

무령왕은 살아서는 왕권 강화를 기반으로 백제가 제2의 전성기를 맞이할 수 있는 발판을 마련하였고, 죽어서는 한국 고고학 발전의 발판을 마련한 왕이라고 생각합니다. 살아서나 죽어서나 다음 세대의 발전을 위해 직접 발판이 되었던 진정한 성군이 아니었을까요?

사비 시기

성왕, 위덕왕

* 성왕 재위: 523~554
* 위덕왕 재위: 554~598

　이제 백제의 마지막 시기 사비 시기입니다. 사비 시기의 문을 연 왕은 성왕입니다. 성왕이 어떻게 사비를 수도로 삼을 수 있었는지 보겠습니다.

　성왕은 백제 제2의 전성기를 이끌었던 왕입니다. 기억을 되살려 봅시다. 백제의 첫 전성기라고 할 수 있는 왕은 누구였나요? 근초고왕이었죠. 이후 개로왕 때 백제는 국가 최대의 위기를 맞이하고 왕권도 말도 못 하게 추락했다고 이야기했습니다. 하지만 웅진 시기 왕들의 노력 끝에 왕권은 다시 강해지기 시작했고, 드디어 성왕 때 이르러 백제는 두 번째 전성기를 맞이할 수 있게 되었습니다.

― 성왕(聖王)의 이름은 명농이며 무령왕의 아들이다. 지혜와 식견이 빼어나고 일을 잘 결단하였다. 무령왕이 돌아가시자 왕위를 이었는데, 나라 사람들이 성왕이라 불렀다.

『삼국사기』 백제본기 제4권

성왕이라는 이름은 죽기 전에 이미 사용했다고 합니다. 시호는 죽은 뒤에 붙이는 거라고 했는데, 성왕은 살아 있을 때부터 성왕이라고 불렸습니다. 성왕의 성은 '성인 성' 자를 씁니다. 백성들에게는 성왕이 성인처럼 보였나 봅니다. 그만큼 정치도 잘했고 백성들을 잘 돌봐준 왕이었겠죠? 이때부터 사용한 호칭이 죽은 후 시호가 되었습니다.

성왕은 한국사를 배울 때 꼭 배우는 왕이고 시험문제에도 단골로 출제되는 왕입니다. 시험에 나오는 단골 업적으로는 '사비천도'와 '국호를 남부여로 변경했다'입니다.

― 16년(538) 봄에 도읍을 사비(소부리라고 한다)로 옮기고, 나라 이름을 남부여라고 하였다.

『삼국사기』 백제본기 제4권

사비는 현재 충청남도 부여군입니다. 사비는 동성왕 때 잠깐 설명했습니다. 귀족들의 힘을 약화시키는 방법 중 하나는 수도를 옮기는 것인데, 왕권 강화를 시도했던 동성왕도 당연히 천도를 생각했겠죠. 하지만 실행에 옮기지는 못했고 성왕 때 와서 천도를 했습니다. 일단 웅진은 방어 위주였던 곳이어서 크기가 작았다고 했습니다. 동성왕 때부터 국력 강화와 왕권 강화를 위한 여러 정책들이 시행되었고, 그 결과 수도 안에는 물자와 사람이 많아졌습니다. 그러다 보니 작은 웅진성에서는 다 감당할 수가 없었습니다. 그래서 더 넓은 곳으로 수도를 옮기려고 했고, 그곳이 바로 사비입니다.

또한 국호도 '남부여'로 바꿨습니다. 백제가 부여 계승의식이 있었다는 이야기는 앞에서 했죠. 그 결과 나라 이름까지 남쪽에 있는 부여라는 의미의 '남부여'로 바꿉니다. 혹시 아주 옛날에 방영했던 「천년지애」라는 드라마 아세요? 그 드라마의 유명한 대사가 있었죠. "나는 남부여의 공주 부여주다." 혹시 기억하시나요? 이 남부여가 바로 성왕 때 바뀐 백제의 이름입니다(편의를 위해서 앞으로 계속 남부여 대신 백제라고 하겠습니다).

수도도 옮기고 나라 이름도 바꾼 성왕은 과거의 영광을 되찾고 싶었습니다. 그래서 '이 지역'을 되찾고 싶었습니다.

삼국이 중요하게 여긴 지역이 어디였죠? 바로 한강 유역입니다. 성왕은 과거의 영광을 되찾고자 한강 유역을 다시 차지하고 싶었습니다. 당시 한강은 장수왕 이후 고구려가 차지하고 있었습니다. 당시 고구려는 대내외적으로 혼란스러운 상황에 처해 있었는데, 내부적으로는 왕위계승 다툼으로 인해 혼란스러웠고, 외부적으로는 북제와 돌궐의 압박으로 혼란스러웠습니다. 백제는 고구려의 이런 상황을 이용해 한강 유역을 되찾으려고 했습니다.

하지만 백제는 혼자 한강을 공격하기에 군사력이 조금 부족하다고 생각했던 것 같습니다. 아무리 혼란스러웠다고 해도 강인한 고구려잖아요. 그래서 백제는 신라와 연합을 맺어 한강을 공격하기로 합니다. 당시 신라의 왕은 진흥왕이었고, 신라의 전성기를 이끈 왕입니다.

신라의 진흥왕 또한 한강을 차지하고 싶었을 거예요. 신라는 지금으로 치면 경상도 지역에 자리를 잡았었는데, 위로는 고구려, 옆으로는 백제에 막혀 중국으로 가기 힘들었습니다. 고구려와 백제를 거치지 않고 중국으로 바로 가려면 바닷길을 이용해야 했는데, 경상도 쪽에서 바다를 이용해 중국으로 가려면 엄청 먼 길을 돌아가야 했습니다. 이 당시에는 항해 기술이 발달하지 못해 바다로 함부로 나갔다가 돌아오지 못하는 경우가 많았습니다. 그래서 한강 유역을 차지해 중국으로 가는 길을 확보하고 싶었을 겁니다. 당시 중국은 선진문물을 가져올 수 있는 보물창고 같은 나라였거든요.

아무튼 백제와 신라의 이해관계가 맞아떨어져서 동맹이 맺어졌고, 두 나라는 고구려를 공격했습니다. 고구려는 내부의 혼란과 외부의 혼란이 더해져 나제동맹에 당할 수밖에 없었습니다. 결국 동맹군은 한강 유역을 차지하였습니다. 신라는 한강 상류, 백제는 한강 하류를 차지했습니다. 상류보다 하류가 더 좋잖아요. 그래서 신라는 불만이 있었습니다. 그런데 타이밍 좋게 백제가 관리의 어려움을 느껴 이 땅을 포기했습니다(백제가 한성과 평양을 버렸다. -『일본서기』). 신라는 백제가 버린 땅을 가져갔습니다. 흔히 신라가 백제를 배신했다고 하는데요, 이는 당시 상황을 제대로 보지 못해서 그렇습니다. 신라의 배신이 아니라 백제의 포기가 옳습니다. 만약 신라가 백제를 배신하고 하류를 차지했던 거라면 이 시기에 큰 전투가 있어야 하는데, 전투에 대한 기록이 없습니다. 그리고 이후 성왕은 신라에 자신의 딸을 시집보내기까지 합니다. 이를 봐서도 두 나라 사이에 배신이라고 느낄만한 일은 없었다는 거겠죠.

— 31년(553) 겨울 10월에 왕의 딸이 신라에 시집갔다.

『삼국사기』 백제본기 제4권

사실 성왕이 신라에 딸을 시집보낸 일을 두고 다양한 해석이 존재합니다. 나제동맹을 견고히 하기 위함이라는 해석 등이 있는데, 그중 가장 힘을 얻는 해석은 신라의 경계심을 흩트리기 위함이라는 의견입니다. 『일본서기』 기록에 의하면 성왕은 백제의 관료들을 일본으로 보내 군사지원을 요청했다고 합니다. 또한 당시 신라가 진흥왕 즉위 이후 관료들을 물갈이하면서 혼란스러운 상황이었는데요, 딸을 시집보내 신라 내부 상황을 지켜보게 했다는 의견도 있습니다.

이런 의견이 힘을 얻는 이유는 성왕이 신라를 공격했기 때문입니다. 성왕은 신라를 공격할 타이밍을 잡고 있었습니다. 진흥왕은 즉위 당시 나이가 어려 친정을 하지 못하고 있었습니다. 진흥왕은 친정이 가능한 나이가 돼서 친정을 시작하자 대규모 관료재편을 시작하였습니다. 그중 하나가 명장이었던 이사부를 해고한 일입니다. 이 좋은 기회를 백제의 성왕이 놓칠 수 없었습니다. 성왕은 신라의 혼란스러운 틈을 타 공격하였습니다. 성왕은 왜 자기가 한강 유역을 포기해 놓고 신라를 공격했을까요? 그 땅이 아쉬워서일까요? 이런 이유도 있겠지만, 또 다른 이유로는 이 시기 성왕이 신라와 고구려의 밀약 사실을 알았다고 합니다. 밀약의 내용은 신라가 한강 유역을 차지할 수 있도록 고구려가 도와주고, 대신 신라는 함경도 방면의 북진을 포기하는 것이었습니다. 고구려에 대항해 맺은 나제동맹이었기 때문에 신라와 고구려의 내통은 성왕에게는 배신과도 같은 것이었습니다. 그래서 신라를 공격해야겠다고 마음먹지 않았을까요?『일본서기』기록을 보면 성왕이 일본의 왕에게 신라와 고구려의 내통 사실을 알리며 군사 지원을 요청하였습니다.

아무튼 성왕은 이런저런 연유로 일본, 가야와 연합하여 신라를 공격했고, 신라는 연합군에게 패배하였습니다. 백제 성왕의 아들 부여창(후에 위덕왕)은 이 기세를 몰아 더 전투적인 자세를 취했습니다. 신라 쪽으로 더 들어간 것입니다. 신라 영역 내에 관산성이라는 곳이 있었는데, 왕자 부여창은 이곳으로 진격하였습니다. 당연히 백제의 관료들은 이를 말렸습니다. 하지만 젊은 혈기 때문인지 창은 이들의 이야기를 듣지 않고 진격하였습니다.

— 32년(554) 가을 7월에 왕이 신라를 습격하려고 몸소 보병과 기병 50명을 거느리고 밤에 구천에 이르렀다. 신라의 복병이 일어나 더불어 싸웠으나 포악한 병사들에게 살해되어

— 들어가셨다. 시호를 성(聖)이라 하였다.

『삼국사기』 백제본기 제4권

— 15년(554) 백제왕 명농이 가야와 함께 와서 관산성을 공격하였다.

『삼국사기』 신라본기

— 그 아버지 명농(성왕)은 여창(위덕왕)이 행군에 오랫동안 고통을 겪고 한참 동안 잠자고 먹지 못했음을 걱정하였다. 아버지의 자애로움에 부족함이 많으면 아들의 효도가 이루어지기 어렵다 생각하고 스스로 가서 위로하였다. 신라는 명왕이 직접 왔음을 듣고 나라 안의 모든 군사를 내어 길을 끊고 격파하였다.

『일본서기』

여기에 성왕이 합류를 하게 되는데요, 이 부분에 있어서 『삼국사기』와 『일본서기』의 기록이 좀 다릅니다. 『삼국사기』에는 성왕이 관산성전투를 주도한 것으로 나오는데, 『일본서기』에서는 아들의 승리를 축하해 주러 가는 길이었다고 합니다. 아무튼 성왕은 50명의 작은 군대를 이끌고 야밤에 관산성으로 갑니다. 그런데 이를 미리 알고 있던 신라는 성왕이 가는 길에 매복군을 심어놓았고, 성왕을 사로잡았습니다. 성왕은 이렇게 관산성에서 잡혀 참수를 당하였습니다. 성왕의 사망으로 백제 군사의 사기는 저

하되었고, 신라의 공격에 속수무책으로 당할 수밖에 없었습니다. 『삼국사기』 기록에 의하면 29,600명의 목이 잘리고 한 필의 말도 돌아간 것이 없다고 하였습니다. 이렇게 백제는 전멸을 당하였습니다. 왕자 부여창도 왜군의 도움으로 가까스로 탈출하였다고 합니다.

이후 부여창이 위덕왕이 되어 왕위에 올랐습니다.

> 위덕왕은 이름은 창이고, 성왕의 맏아들이다. 성왕이 재위 32년에 돌아가시자 왕위를 이었다.
>
> 『삼국사기』 백제본기 제5권

위덕왕은 정확한 나이를 알 수 있는 몇 안 되는 왕입니다. 『일본서기』 기록에 보면 553년 백합야전투에서 자신을 29세라고 밝혔습니다. 그렇기 때문에 정확한 나이를 알 수 있습니다.

> 8월 백제 여창이 여러 신하들에게 "소자는 이제 돌아가신 부왕을 받들기 위하여 출가하여 도를 닦고자 한다."라고 말했다. 여러 신하와 백성들이 "바라건대 앞의 잘못을 뉘우치고서 속세를 떠나는 수고로움은 하지 마십시오. 원하시는 것을 굳이 하고 싶으시다면 백성들을 출가시키는 것이 마땅합니다."라고 하였다.
>
> 『일본서기』

위덕왕은 처음에 절에 들어가려고 했습니다. 하지만 신하들이 말려서 절에 들어가진 않고, 대신 다른 사람을 보냅니다. 학자들은 위덕왕의 이런 행위를 정치적 행위로 봅니다. 자신의 오판으로 관산성에서 패배를 맞이했기 때문에 그 책임을 회피하고자 출가하겠다고 고집을 부렸다는 겁니다. 고집을 부리는 위덕왕을 신하들이 설득해 위덕왕은 출가 의견을 철회하고 대신 1,000여 명의 백성들이 승려가 되는 것을 공인해 주었다고 합니다. 위덕왕은 이렇게 신하와 의견을 조율하는 과정에서 왕권을 확립하려고 했습니다. 자신의 잘못 때문도 있었고, 성왕이 전투에 나가 사망했기 때문에 왕권이 다시 바닥으로 내려갔습니다. 그렇기 때문에 위덕왕은 초반에 왕권을 잡아놓지 않으면 남은 기간 내내 귀족들에게 시달려야 했을 겁니다. 백제는 국초부터 귀족의 힘이 강했고, 귀족에 의해 시해당한 왕들도 많았습니다. 웅진시대의 왕들을 보면 알 수 있듯이 개로왕이 고구려와의 전쟁에서 패한 후 왕들의 권위는 땅에 떨어졌고, 귀족들에 의해 정국이 좌지우지되었습니다. 위덕왕은 웅진시대의 문주왕, 삼근왕, 동성왕이 귀족들에게 시해당한 것을 공부하며 깨달은 바가 있었을 것입니다. 아버지 성왕이 신라군에게 당했기 때문에 또다시 왕권이 하락할 것을 염려하였고, 왕권을 지키기 위해 이런 고집을 부렸을 것입니다. 실제로 성왕의 전사 이후 백제 왕권은 다시 추락했고, 대성팔족이라고 불리는 백제의 귀족들이 실세가 되었습니다. 그래서 즉위 후 권력을 안정시키기 위해 출가를 정치적으로 이용했던 것입니다.

이후 위덕왕은 왕권 강화를 위한 정책들을 시행했습니다. 아버지를 기리기 위한 절을 지은 것 또한 그 일환으로 이해되는데요, 불교를 왕권 강화의 수단으로 이용했을 가능성이 있습니다. 고대 시대 왕들은 불교의 왕즉불 사상, 왕과 부처가 같다는 사상을 통해 왕권을 강화하려고 했는데, 위덕왕 또한 이를 이용했을 것이라는 겁니다. 이를 잘 보여주는 유적이 부여능산리사지입니다. 부여 왕릉원 바로 옆에 붙어 있는 이곳은 절이 있던 곳입니다. 끝에 붙는 '지'는 지금은 건물은 없고 터만 있는 곳에 붙입니다. 왕릉 바로 옆에 붙은 이 절은 무덤에 묻힌 사람들의 명복을 기원하는 곳이었습니다. 국가에서 이런 의식을 주도할 정도로 불교를 정치에 깊이 이용했던 것입니다.

> 14년(567) 가을 9월에 사신을 진나라에 보내 조공하였다.
> 17년(570) 북제 후주가 왕을 사지절 시중 거기대장군 대방군공 백제왕으로 삼았다.
> 19년(572)에 사신을 제(북제)나라에 보내 조공하였다.
> 24년(577) 가을 7월에 사신을 진나라에 보내 조공하였다.
> 24년(577) 11월에 사신을 북주에 보내 조공하였다.
>
> 『삼국사기』 백제본기 제5권

또한 국력을 다지기 위해 대외교류를 활발히 했습니다. 당시 중국은 북조와 남조로 나뉘어 있었는데, 위덕왕은 두 나라 모두에게 사신을 보내 조공하였습니다. 그리고 북조의 왕조였던 북제로부터 왕의 칭호도 받았습니다.

　내부적으로는 불교의 힘을 빌리고, 외부적으로는 다른 나라와 우호관계를 맺어 관산성전투의 패배 이후 추락한 왕권과 국력을 향상하려고 하였습니다. 그런데 잘 안되었던 모양입니다. 위덕왕은 재위 24년 10월에 신라를 공격했으나 성공하지 못했습니다. 이후 왕권은 다시 추락했습니다. 어떻게든 추락한 왕권을 되살려 보고자 노력했지만 결국 또다시 귀족들에게 휘둘리게 되었습니다. 결국 위덕왕은 떨어진 왕권을 올리지 못하고 사망하였습니다.

　위덕왕 사후 아들이었던 아좌태자가 뒤를 잇지 않고 위덕왕의 동생이었던 혜왕이 왕위를 이었습니다. 굳이 태자가 있음에도 늙은 동생이 왕위를 이었다는 것을 보고 왕위계승 과정에 의심스러운 일이 있지 않았을까 생각되기도 합니다만, 아좌태자는 일본 측 기록에서만 확인됩니다. 그래서 존재 자체에 대해서 의문이 드는 인물이긴 합니다. 하지만 무령왕에서 이야기했듯이 『일본서기』 기록이 완전히 믿지 못할 이야기는 아니라서 어느 정도 믿습니다. 위덕왕은 귀족세력이나 혜왕에게 시해당한 것으로 추정하기도 합니다. 이런 이야기들 때문에 위덕왕의 죽음과 혜왕의 즉위가 의문스럽긴 하지만 위덕왕의 사망 시 나이가 70대로 고령이었기 때문에 자연사의 가능성도 높습니다.

　백제는 성왕의 즉위 이후 다시 전성기를 맞이하나 싶었지만, 관산성에서의 안타까운 일을 겪으며 다시 쇠퇴의 길로 접어들었습니다. 국력뿐만 아니라 왕권 또한 쇠퇴하며 백제는 멸망의 길로 향하고 있었습니다.

혜왕, 법왕, 무왕

* 혜왕 재위: 598~599
* 법왕 재위: 599~600
* 무왕 재위: 600~641

　아좌태자가 일본에 파견된 이후 갑작스럽게 혜왕이 정권을 장악하였습니다. 위덕왕은 승하 1년 전까지만 해도 직접 정사를 보았을 정도로 건강했다고 합니다. 그렇기 때문에 위덕왕의 죽음에 의혹이 제기되며, 혜왕이 위덕왕을 시해하고 왕위에 올랐을 가능성이 제기되고 있습니다. 혜왕이 즉위 당시 굉장히 고령이었기 때문에 혜왕이 주도해서 시해가 이루어진 것이 아닌, 위덕왕의 반대세력에 의해 위덕왕이 시해당하고, 고령에 힘이 없는 혜왕이 왕위에 올랐을 가능성도 제기되고 있습니다. 동성왕 즉위 때처럼 귀족들이 권력을 잡기 위해 허수아비 왕을 앉힐 의도가 있었다고 보는 거죠.

　혜왕은 백제 왕실의 새로운 계보를 연 왕입니다. 바로 '혜왕계'

를 연 왕인데요, 혜왕-법왕-무왕-의자왕으로 이어지는 계보의 시작이 혜왕입니다. 혜왕은 『삼국사기』에 성왕의 둘째 아들이라고 기록되어 있는데, 즉 위덕왕의 동생이라는 이야기입니다.

— 혜왕은 이름이 계이고 명왕의 둘째 아들이다. 창왕이 돌아가시자 왕위에 올랐다.
— 2년(599)에 왕이 돌아가셨다. 시호를 혜라고 하였다.

『삼국사기』 백제본기 제5권

혜왕의 『삼국사기』 기록을 보면 아무것도 없습니다. 즉위했고, 사망했다는 기록이 전부입니다. 그래서 혜왕에 대해서 연구하기가 쉽지 않고, 의문이 많이 생기며, 호기심을 자극하는 왕이기도 합니다. 이미 고령의 나이에 왕이 되었고 당시의 상황 때문에 제대로 된 정치를 하기 어려웠을 겁니다. 그리고 만약 귀족들의 추대를 받아 허수아비 왕이 된 상태라면 더욱더 정치를 하기 어려웠겠죠. 그래서 제대로 된 정책을 시행하지도 못하고 결국 아무 기록도 남기지 못한 채 사망했습니다. 백제에서 편찬했던 역사서가 발견이 된다면 이 시기에 어떤 일들이 있었는지 알 수 있고 많은 정보를 얻을 수 있을 텐데, 참 아쉽습니다.

혜왕은 즉위 2년 차에 사망합니다. 70세 이상의 고령이어서 자연사했을 가능성도 있지만, 재위 당시에 너무 건강했는데 2년 차에 갑자기 사망한 게 이상하다고 의심합니다. 이 부분에 대해서는 학계에서 의견이 분분한데요, 고령이기 때문에 자연사도 가능하다는 의견에 큰 의의는 없습니다.

이후 법왕이 왕위에 올랐습니다.

> 법왕은 이름이 선(혹은 효순이라고도 한다)이고 혜왕의 맏아들이다. 혜왕이 돌아가시자 아들 선이 왕위를 이었다(수서에는 선을 창왕의 아들이라고 하였다).
>
> 『삼국사기』 백제본기 제5권

법왕은 『삼국사기』에는 혜왕의 아들로 기록되어 있지만, 수서에는 위덕왕의 아들로 기록되어 있습니다. 만약 위덕왕의 아들이라면 혜왕이 법왕에 의해 시해됐을 가능성이 있지만, 혜왕의 아들이라면 굳이 법왕이 시해할 필요가 있었을까 의문이 듭니다. 그래서 만약 법왕이 혜왕의 아들이라면 위덕왕을 시해하고, 자신이 바로 왕이 되지 않고 아버지를 왕으로 앉혔을 가능성이 있습니다. 그래서 자연스럽게 자신이 왕위를 물려받는 거죠. 아버지는 나이도 많으시고 살날이 얼마 남지 않았으니 자신이 금방 이어받을 수 있잖아요. 그리고 반대로 법왕이 위덕왕의 아들이라면 아버지를 죽인 살해범 혜왕을 죽이고 자신이 왕위에 오른 게 되겠죠.

법왕도 혜왕과 마찬가지로 재위기간이 2년밖에 되지 않지만 혜왕과 다르게 정책 시행 내용에 대한 기록이 조금 있습니다. 짧은 재위기간임에도 불구하고 무엇인가 정책을 시행했다는 것은 혜왕 때보다 정국이 조금은 더 안정되었다는 거겠죠. 그래서 저는 법왕이 혜왕의 아들이라는 의견에 더 동의하는데요, 만약 법왕이 혜왕을 시해했다면 정국이 불안정해서 이런 정책들을 시행하기 어렵지 않았을까 생각됩니다.

> 원년(599년) 겨울 12월에 명령을 내려 살생을 금지하고, 민가에서 기르는 매와 새매를 거두어 놓아주고, (물)고기를 잡고 사냥하는 도구들을 태워버리게 하였다.
> 2년(600년) 봄 정월에 왕흥사를 창건하고, 30명이 승려가 되는 것을 허락하였다.
>
> 『삼국사기』 백제본기 제5권

정책 시행 내용은 살생을 금하고 절을 지은 내용인데요, 이를 통해 법왕은 불교를 통해 왕권을 강화하려고 했던 것 같습니다. 법왕의 이름에서 이미 불교와 관련된 왕임을 추론할 수 있습니다. '법'이라는 글자를 시호나 이름에 붙이는 경우는 불교와 관련되었을 경우입니다. 신라의 법흥왕을 그 예로 들 수 있는데요, 법흥왕은 불교를 공인한 왕입니다. 이렇게 불교와 관련된 왕들에게 '법' 자를 붙입니다.

> 2년(600) 크게 가물자 왕이 칠악사에 행차하여 기우제를 지냈다.
>
> 『삼국사기』 백제본기 제5권

국가의 큰 행사인 기우제를 절에서 지냈을 정도로 불교를 굉장히 진흥했습니다. 기우제는 가물었을 때 비를 내려달라고 왕이 하늘에 기도하는 의식입니다. 고대국가는 하늘과 땅을 이어주는 존재는 왕이라고 하여 오직 왕이 제사를 주도할 수 있었고, 절대 권력을 가졌습니다. 그래서 법왕이 기우제를 주도했고, 이 행사는 국가의 굉장히 큰 행사였습니다. 이런 행사를 다른 곳이 아닌 절에서 진행했다는 것은 그만큼 불교를 국가에서 굉장히 중요하게 생각하고 있었다는 이야기입니다.

법왕도 혜왕과 마찬가지로 2년 차에 사망하였습니다. 법왕 또한 짧은 재위기간을 가졌기 때문에 살해됐다고 보는 의견이 있습니다. 법왕이 즉위할 때 의문이 좀 있다고 했죠. 만약 그게 사실이라면 법왕 즉위 후에도 정치적 혼란은 계속 있었을 겁니다. 비정상적인 방법으로 왕이 되면 그 반대세력은 당연히 존재합니다. 이 세력에게 법왕이 살해당했을 가능성이 있습니다. 짧은 재위기간 때문에 시해설이 제기됩니다.

하지만 혜왕처럼 고령의 나이에 즉위했기 때문에 자연사의 가능성도 높게 보고 있습니다. 법왕의 즉위 시 나이는 50대로 추정합니다. 지금이야 50대면 한창이라고 하지만 당시에는 그렇지 못했습니다. 그래서 자연사의 의견도 존재합니다.

혜왕과 법왕은 둘 다 2년 만에 사망했습니다. 그래서 그 죽음에 의문이 드는 왕들입니다. 백제의 역사서가 발굴되거나 이 시기를 볼 수 있는 새로운 기록이 발굴된다면 이들의 죽음의 의문이 풀릴 수 있지 않을까요?

법왕이 죽은 후 아들 무왕이 왕위에 올랐습니다.

― 무왕의 이름은 장이고 법왕의 아들이다. 풍채와 거동이 빼어났고, 뜻과 기개가 호방하고 걸출하였다. 법왕이 즉위한 이듬해에 돌아가시자 아들이 왕위를 이었다.

『삼국사기』 백제본기 제5권

무왕은 「서동설화」를 통해 많이 알려진 왕입니다. 「서동설화」의 서동이 무령왕이냐 무왕이냐 하는 논란이 있는데요, 보통 무왕으로 봅니다. 서동설화는 『삼국유사』에 기록된 이야기로, 무왕이 왕위에 오르기 전 서동이라는 이름으로 생활했을 때 이야기, 선화공주와 결혼한 이야기인데요, 잠깐 소개해 드리겠습니다.

서동은 마를 캐며 살던 백제의 백성이었습니다. 서동은 신라 진평왕의 셋째 딸 선화공주가 미인이라는 소문을 듣고 그녀와 결혼하기 위해 떠났습니다. 일반 백성이 왕족을 만나기는 쉽지 않으니 서동은 머리를 썼습니다. 아이들에게 마를 나눠주며 노래를 부르게 했는데요, 내용은 대략 이런 내용입니다. 선화공주가 서동과 밤마다 몰래 만난다는 내용입니다. 지금 같으면 허위사실유포죄, 모욕죄 등이 적용되어 처벌받을 만한 내용입니다. 하지만 이 시기에는 이게 먹혔나 봐요. 진평왕은 결혼도 하지 않은 선화공주가 이런 부끄러운 내용이 담긴 노래의 주인공이 되자 선화공주를 내쫓습니다. 서동은 문 앞에서 기다리다가 쫓겨난 선화공주를 맞이하였고, 선화공주는 서동을 따라갔습니다. 서동은 선화공주가 쫓겨날 것을 알고 있었는지 문 앞에서 딱 기다렸습니다. 선화공주는 또 그런 서동을 쫄래쫄래 따라갔습니다. 어떻게 모르는 사람을 따라갈 수 있을까 의문스럽지만 그런 생각을 하면 이야기가 진행되지 않으니 잠시 뇌를 꺼내놓고 이야기하도록 하겠습니다. 어쨌든 선화공주는 처음 보는 남성을 믿고 따라갔다고 합니다. 그리고 곧 그 사람이 노래의 주인공인 서동임을 알게 되었지요. 이미 따라왔으니 뭐 어쩌겠어요. 같이 살아야죠. 백제로 건너온 선화공주는 어머니가 준 금으로 생계를 이어나가려고 하였습니다. 그러자 서동이 자기가 마를 캐던 곳에 금을 쌓아두었다고 이야기합니다. 선화공주는 금을 자신의 아버지에게 보내자고 했고, 서동도 동의했습니다. 금이 많아서 어떻게 옮겨야 할까 고민했는데, 이때 한 절의 법사가 신력으로 보내줬다고 합니다. 그러자 진평왕은 놀랐고, '서동을 믿게 되어 서동이 왕으로 오를 수 있었다고 합니다. 이 서동이 무왕이라고 하는 게 「서동설화」의 이야기입니다.

　익산에는 미륵사지라고 하는 절터가 있습니다. 미륵사지 석탑을 해체 보수하는 과정에서 사리장엄구가 발견됐는데요, 이 사리장엄구의 발견으로 「서동설화」와 선화공주의 존재는 미궁 속으로 빠졌습니다. 사리장엄구에서 발견된 기록에 의하면 무왕의 왕비는 선화공주가 아닌 사택 씨의 귀족이었습니다. 선화공주의 존재는 이 전부터 의문이 제기되어 왔는데요, 이 발굴로 인해 거의 확실하게 부정되었습니다. 그러면서 일부에서는 선화공주 이야기가 무령왕 때 이야기라고 주장하기도 합니다.

하지만 『삼국유사』에 적힌 미륵사의 구조와 발굴된 미륵사지 구조를 보면 일치하는 내용이 있어 『삼국유사』의 「서동설화」 내용이 신빙성을 갖게 되었습니다. 그래서 선화공주가 실제 존재하는 인물이 맞지만 서동이 왕위에 오르기 전 죽었거나, 아니면 일찍 죽었을 가능성이 제기됩니다. 선화공주가 다음에 즉위하는 의자왕의 생모로 추정되기 때문에 완전히 없는 존재는 아닐 겁니다.

무왕은 법왕의 서자설, 위덕왕의 서자설, 진사왕의 후손설, 방계왕족인 귀실씨설, 동성왕의 후손설 등 굉장히 설이 많아 출생이 명확하지가 않습니다. 서동설화를 보면 알겠지만, 서동은 왕족의 생활을 하고 있던 사람이 아니라 일반 민가에서 마를 캐며 살아가던 평범한 사람이었습니다. 그렇기 때문에 이런 다양한 학설들이 제기되는 것 아닐까 싶습니다. 하지만 결국 왕에 오른 사람이기 때문에 왕족과 관련된 사람일 가능성이 높습니다. 혹은 몰락한 왕족일 수도 있습니다.

미륵사지에서 출토된 사리장엄구에 석가모니를 지칭하는 '법왕'이 기록되어 있다고 합니다. 그래서 무왕이 아버지인 법왕을 상징적으로 언급한 것으로 보고 무왕을 법왕의 아들로 보고 있습니다. 또한 「서동설화」에서 서동의 어머니가 용과 관계를 맺었다고 나오는데, 법왕을 용으로 표현하지 않았나 추측합니다. 왜냐하면 왕이 일반 민가에 가서 여자와 하룻밤을 보낸 내용을 직접적으로 작성하기도 뭐하고, 그렇다고 둘 사이에 태어난 아이가 왕이 되었는데 안 쓰기도 뭐하고 해서 '용'으로 기록한 것이 아닌가 생각합니다. 앞에서 백제는 왕실을 용으로 표현한다고 했잖아요, 여기서 용의 존재도 왕실을 표현한 것으로 보입니다.

무왕은 익산 지역을 중요하게 여긴 것으로 보입니다. 무왕이 익산을 중요하게 생각한 이유는 무엇일까요? 학계에서는 어머니가 익산세력이기 때문에 그랬을 것으로 보고 있습니다. 「서동설화」를 보면 서동의 어머니가 서동을 낳은 곳이 '서울 남쪽 못(연못)가'라고 나오는데, 신증동국여지승람의 기록과 비교해서 보면 이 지역이 익산임을 알 수 있습니다. 이는 법왕과 익산세력이 손을 잡고 힘을 길러 왕위를 차지한 것으로 볼 수 있습니다. 앞에서 혜왕과 법왕의 즉위에 의문을 제기한다고 했잖아요, 아마 익산세력과 손을 잡고 한번 뒤집어엎은 것 같습니다. 그래서 무왕은 세력을 두고 있던 익산 지역을 중요하게 여겨 이곳으로 천도하려고 시도했습니다.

> 백제 무광왕이 지모밀지(익산)로 천도하여 새로이 정사를 경영하였다.
>
> 관세음응험기

무왕은 성왕이 관산성에서 전사한 이후 다시 강력해진 귀족세력을 약화시키기 위해 익산으로 수도를 옮기려고 했을 것입니다. 무왕의 천도 시도는 성공했을까요? 결론은 실패했습니다. 비록 천도에 실패했지만 무왕은 익산에 다양한 문화유산을 남겼습니다. 미륵사지, 왕궁리 유적, 쌍릉은 이 시기의 대표적 문화유산입니다. 이를 통해 무왕이 익산으로 천도를 준비했고, 익산을 중요하게 여겼다는 점을 알 수 있습니다.

무왕은 변화하는 대외적 상황에도 잘 대비했습니다. 당시 중국에서는 중국 최대의 분열기였던 남북조시대를 통일한 수나라*가 등장했습니다. 무왕은 새롭게 등장한 강자 수나라에 조공을 보냈고, 수나라 멸망 후 세워진 당나라**에도 사신을 보내 조공했습니다. 『삼국사기』 기록을 보면 재위 22년, 25년, 26년, 27년, 28년, 30년, 32년, 33년, 37년, 38년, 40년에 사신을 보내 조공했습니다. 백제는 이 시기 고구려와 신라 모두와 사이가 좋지 않았고, 그래서 한반도 내부에서는 자신의 편을 만들 수 없으니 외부의 세력과 손을 잡으려고 했던 거죠.

- 27년(626)에 사신을 당나라에 보내 명광개를 바치고, 고구려가 길을 가로막아 당나라에 조공하는 것을 허용하지 않는다고 호소하였다.

『삼국사기』 백제본기 제5권

무왕은 당나라에 조공하러 가는 길을 고구려가 막자 당나라 황제에게 편지를 보내 호소하였습니다. 그러면서 명광개를 바쳤다고 하는데요, 명광개는 상대편의 눈이 부실 정도로 화려한 갑옷이라고 합니다. 이렇게 화려한 갑옷을 바치면서 "우리는 황제님

---

* 수나라: 남북조시대를 통일한 국가.
** 당나라: 수나라 멸망 후 이연이 건국한 국가.

께 조공을 바치고 싶은데 고구려가 막았어요. 도와주세요."라며 아부를 했다고 보면 되죠. 당나라에 성심을 다해 조공을 보낸 결과는 어땠을까요? 무왕의 사망기사를 보면 알 수 있습니다.

> 42년(641) 봄 3월에 왕이 돌아가셨다. 시호를 무라고 하였다. 사신이 당나라에 들어가 소복을 입고 표를 받들어 "임금의 외신인 부여장(무왕)이 죽었다."고 말하였다. 황제가 현무문에서 애도식을 거행하고 조서를 내려 말하였다. "먼 나라를 위무하는 방법은 총애하여 내리는 칙명보다 나은 것이 없고, 죽은 사람의 최후를 장식하는 의리는 먼 곳에라도 막힘이 없어야 한다. 고인이 된 주국 대방군왕 백제왕 부여장은 산을 넘고 바다를 건너 멀리서 정삭을 받고 보배를 바치며 글월을 받들어 처음과 끝이 한결같았는데, 갑자기 죽으니 깊이 슬퍼하고 추도한다. 마땅히 일상의 예에 더하여 애도의 영예를 표하노라." 태종(당태종)이 왕에게 광록대부를 추증하고 부의를 매우 후하게 내렸다.
>
> 『삼국사기』 백제본기 제5권

당나라 황제 태종은 무왕의 사망 소식을 듣고 굉장히 슬퍼하였다고 합니다. 광록대부는 당나라 문산계 중 하나인데 종2품의 관직이라고 합니다. 종2품이면 굉장히 높은 관직입니다. 정1품이 제일 높고 그다음이 종1품, 그리고 정2품 그리고 종2품 순입니다. 정말 높죠? 무왕은 성왕의 전사 이후 추락한 왕권을 적극적인 대외활동으로 올려놓았습니다. 그렇다면 백제는 다시 영광을 되찾을 수 있을까요?

의자왕

* 의자왕 재위: 641~660

　의자왕은 아마 한국사를 잘 모르는 사람들도 들어본 적 있는 왕이지 않을까 생각합니다. 대중매체에서도 많이 다루었고, 학창 시절 한국사를 배울 때 백제를 멸망으로 이끈 무능한 이미지로 많이 배웁니다. 그리고 '한국을 빛낸 100명의 위인들'이라는 노래에서도 '삼천궁녀 의자왕'이라는 가사로 등장합니다. 그렇기 때문에 많이 들어봤고, 익숙한 왕일 겁니다.

　의자왕 하면 떠오르는 이미지가 어떠세요? 의자왕은 초등학생들에게 물어보면 '의자를 좋아할 것 같은 왕', '의자에 오래 앉아 있던 왕'이었을 것 같다고 대답합니다. 성인들에게 의자왕은 정치를 제대로 돌보지 않고 술과 여자를 끼고 놀며 백제를 망친 왕으로 기억되고 있을 겁니다. 아마 삼천궁녀 의자왕 이미지가 강해서 그러지 않을까 생각됩니다.

의자왕은 한자로 '義慈王'이라고 씁니다. 의는 '옳다, 의롭다'라는 뜻을 가지고 있고, 자는 '사랑'이라는 뜻을 가지고 있습니다. 즉 풀이하면 의롭고(정의롭고), 사랑이 많은 왕이라는 뜻입니다. 우리가 알고 있는 의자왕의 이미지와 이름의 뜻이 참 다르죠? 일단 의자왕의 의자는 시호가 아닌 이름이라는 걸 알아야 합니다. 의자왕은 망국의 군주이기 때문에 시호가 붙여질 기간이 없었습니다. 그래서 이름 그대로 사용합니다.

의자왕은 무왕의 아들로 무왕 생전에 태자로 지정되었습니다. 지금까지 백제 왕들에 대해서 봐서 대충 짐작했겠지만 백제에서 왕이 살아생전에 태자를 정하는 경우는 몇몇을 제외하고 거의 없습니다. 의자왕이 태자로 지정된 건 이례적인 일이라고 볼 수 있습니다. 이를 두고 추정하기로는 무왕의 몸이 안 좋아서 미리 정해놨을 가능성과 의자왕은 권력다툼에서 자유로웠으면 하는 무왕의 염원에서 미리 정했을 가능성이 있습니다. 당시 태자책봉 후보는 의자만 있던 게 아니었고, 풍장이라고 하는 아들도 있었습니다. 백제 내부에서는 차기 왕위를 두고 의자파와 풍장파로 나뉘어 있었는데, 이 정치싸움의 승자는 의자왕이었습니다. 『일본서기』에 보면 의자왕이 왕자 풍장을 일본에 인질로 보냈다는 기록이 있습니다. 이 기록을 통해 백제 내부에 의자파와 풍장파 두 세력이 형성되어 있었고, 의자가 태자책봉을 받아 승리한 후 반대세력인 풍장을 일본으로 보낸 것으로 추정할 수 있는 겁니다.

앞 장에서 무왕을 이야기하면서 선화공주에 대한 이야기를 잠깐 했었죠. 이 선화공주가 의자왕의 어머니로 추정됩니다. 풍장은 미륵사지 석탑 사리봉안기에서 나온 사택 씨의 아들로 추정하고요. 그래서 두 세력으로 갈라지게 되었던 것이죠. 의자왕이 신라 진평왕의 딸 선화공주의 아들이다 보니 모계세력이 강하지 않았습니다. 그래서 의자왕으로 태자책봉이 원활하게 이뤄지지 않았던 것으로 보입니다. 선화공주는 일단 백제 토착귀족이 아니고 신라의 왕족이기 때문에 백제 내부에서 세력이 강할 수 없었습니다. 이렇게 약한 모계세력 때문에 30대 중반에서 40대라는 늦은 나이에 태자책봉이 됐을 것으로 추정합니다. 어떻게 나이를 알 수 있냐면, 의자왕의 아들 부여융의 묘지석에 기록되어 있는 나이로 의자왕의 나이를 추정할 수 있기 때문입니다. 부여융은 묘지석 내용에 의하면 615년에 태어났고, 의자왕이 태자로 책봉된 해는 632년입니다. 그럼 추측해 보면 최소 10대 후반에 아이를 낳았을 것이고, 태자 책봉까지 17년의 시간이 있으니 대충 계산하면 30대 중반 이후가 됩니다. 이렇게 추정했더니 의자왕이 늦은 나이에 태자 책봉이 되었다고 계산이 되었습니다.

뭐가 됐든 무왕은 의자왕을 왕위 계승자로 생각했고, 왕 자리에 적합한 인물이기도 했다고 합니다. 의자왕은 『삼국사기』 즉위 기사에 보면 대담하고 결단성 있는 사람이었다고 하고, 해동증자로 중국까지 소문이 날 정도였다고 합니다.

> 의자왕은 무왕의 맏아들로서 씩씩하고 용감하며 대담하고 결단성이 있었다. 무왕이 재위 33년에 태자로 삼았다. 부모

> 에게 효도하고 형제와 우애가 있어서 당시에 해동증자라고
> 불렸다.

『삼국사기』백제본기 제6권

이렇게 좋은 이미지의 의자왕을 우리는 그동안 안 좋은 이미지로 기억하고 있습니다. 왜 그랬을까요?

의자왕은 의롭고 자애로운 왕으로 초반에는 정치를 잘 이끌어 갔습니다. 지금까지 봐서 알겠지만 백제는 왕위를 두고 권력다툼이 굉장히 자주 일어났고, 굉장히 혼란했습니다. 의자왕이 이걸 모를 리 없었을 겁니다. 그래서 의자왕은 강력해진 귀족들의 세력을 누르고 왕권을 강화하기 위한 정책들을 시행했습니다. 의자왕은 당시 권력을 쥐고 있던 불교귀족들을 견제하기 위해 유교체제를 확립했습니다. 또한 왕족을 이용한 친위체제도 실시하는데요, 결국 이 때문에 사택지적 등 귀족들의 반발을 샀고 유교세력 또한 분열되었다고 합니다.

> 8월에 장군 윤충을 보내 군사 10,000명을 거느리고 신라 대야성을 공격하였다. 성주 품석이 처자와 함께 나와 항복하자 윤충이 모두 죽이고 그 머리를 베어 왕도로 보냈으며…
>
> 5년(645) 여름 5월에 왕은 태종이 몸소 고구려를 치면서 신라에서 군사를 징발하였다는 소식을 듣고, 그 틈을 타서 신라의 일곱 성을 습격해 빼앗으니, 신라가 장군 유신을 보내

— 침공해 왔다.

『삼국사기』 백제본기 제6권

    의자왕은 대외적으로도 백제의 위치를 견고히 하기 위해 신라를 공격해 신라의 성을 빼앗았습니다. 대표적으로 대야성을 빼앗고, 당항성도 공격해 신라의 등골을 서늘하게 하였습니다. 당항성은 신라가 대외진출 하는 통로로 굉장히 중요한 곳이었습니다. 현재 경기도 화성시 서신면에 있는 당성을 당항성으로 보고 있습니다. 당시 신라는 선덕여왕 때였는데요, 의자왕의 공격으로 신라는 위기상황을 맞이하였고, 고구려와 당나라에 동맹 체결을 건의하게 되는 배경이 되었습니다.

    이렇게 왕권을 단단히 하려고 시도하고 대외적으로도 위상을 높이려고 했던 의자왕은 무슨 이유에서인지 갑자기 정치를 잘 돌보지 않습니다.

— 16년(656) 봄 3월에 왕이 궁인들과 음란과 향락에 빠져서 술 마시기를 그치지 않으므로 좌평 성충이 적극 간언하였더니, 왕이 노하여 그를 감옥에 가두었다. 이로 말미암아 감히 말하려는 자가 없었다.
17년(657) 봄 정월에 왕의 서자 41명을 좌평으로 임명하고 각각 식읍을 내려주었다.

『삼국사기』 백제본기 제6권

사비 시기

의자왕이 귀족들을 견제하기 위한 정치를 했다고 했잖아요. 이 귀족들은 순순히 왕의 의도에 따라주지 않았습니다. 백제는 신기하리만큼 귀족들의 힘이 강했던 나라라고 합니다. 그래서 이 시기 귀족들도 의자왕의 명령을 고분고분하게 듣고 있지만은 않았을 겁니다. 그리고 성왕 이후 왕권이 많이 약화되었고, 의자왕이 신라 출신 선화공주의 아들이라는 점은 귀족들의 눈에 곱게 보이지는 않았을 겁니다. 백제의 토착 세력이 아닌 외부의 세력이었기 때문에 백제 내에서 세력기반이 그리 강하진 않았을 겁니다. 그래서 의자왕이 뭐만 하려고 하면 반대하고 듣지 않았을 겁니다. 생각해 보세요. 내가 뭘 하려고 할 때마다 주변에서 반대하고 막는다면 계속하고 싶은 의욕이 들겠어요? 의자왕도 아마 이런 상황이었을 겁니다. 자신이 하려는 개혁에 사사건건 반대하고 시비를 거는 귀족들 때문에 의욕을 잃었을 겁니다. 그래서 귀족들의 권력다툼 때문에 질려서 정치 돌보기를 포기한 게 아닐까 생각됩니다. 이는 지극히 저의 개인적인 해석이기 때문에 다르게 생각하실 분은 다르게 생각하셔도 됩니다. 의자왕이 갑자기 정치에서 멀어진 이유는 아무도 모릅니다. 그냥 기록을 보며 역사적 상상력을 동원해 추측할 뿐입니다.

17년 기사는 의자왕의 왕권강화책을 잘 보여줍니다. 의자왕은 앞에서 이야기했듯이 귀족들을 견제하기 위해 노력했습니다. 아들 41명을 좌평으로 임명한 것도 그 일환이었습니다. 이를 친위체제 확립이라는 용어로 설명합니다. 의자왕은 왕족을 정치에 이용하는 친위정변을 통해 귀족의 힘을 누르려고 했습니다. 근데 이게 잘 안되었던 모양입니다. 시기를 잘 못 맞춰 시행했기 때문에 성공하지 못했다는 평가가 있습니다. 16년 기사를 보면 왕이 향락에 빠졌을 뿐만 아니라 간언하는 성충을 감옥에 가둡니다. 이렇게 왕이 제대로 정사를 돌보지 않는데 누가 따르고 싶겠어요. 제 개인적인 생각으로는 의자왕이 아들들을 좌평에 임명한 게 마지막 발악처럼 느껴졌습니다. 어떤 이유에서건 왕권 강화를 위해 시행한 건 여지가 없습니다.

이후 의자왕은 무슨 이유에서인지 태자를 바꿉니다.

— 4년(644) 왕자 융을 태자로 삼고 죄수들을 크게 사면하였다.
19년(659) 여름 4월에 태자궁에서 암탉이 참새와 교미하였다.
— 20년(660) 마침내 태자 효와 함께 북쪽 변경으로 달아났다.

『삼국사기』 백제본기 제6권

4년 기록에 융을 태자로 삼았다고 했는데, 20년 기사에 보면 태자 효와 함께 달아났다고 기록되어 있습니다. 이를 통해 태자가 융에서 효로 바뀐 것으로 보고, 19년 기사가 태자 교체를 암시한다고 추측합니다. 태자가 갑자기 융에서 효로 바뀐 정확한 이유는 알 수 없으나, 추측하기로는 융과 효의 어머니가 다른데 막판에 효의 어머니가 권력을 잡으면서 효로 태자가 바뀐 것 같다고 합니다. 이를 뒷받침하는 증거로는 『일본서기』의 기록이 있습니다.

— 어떤 사람은 "백제가 스스로 망하였다. 군(임금)의 대부인이

요사스럽고 간사한 여자로, 무도하여 마음대로 국가의 권력
　　　　을 빼앗고 훌륭하고 어진 신하들을 죽였기 때문에 이런 화
　　―　를 불렀다…"

『일본서기』

　이 대부인이 바로 효의 어머니라는 이야기입니다. 임금(君)의 대부인이라서 붙여서 군(君)대부인이라고도 부릅니다. 군대부인은 의자왕이 아꼈던 왕비인데, 의자왕의 총애를 힘입고 태자를 바꿀 정도로 강한 권력을 얻은 것으로 보입니다. 이후 백제는 더욱 혼란해졌습니다.
　이후 『삼국사기』 기록을 보면 18척 길이(4미터가 넘습니다)의 여자 시체가 떠내려오고, 도로에서 귀신의 곡소리가 들리고, 우물이 핏빛으로 변하고, 두꺼비 수만 마리가 나무 꼭대기에 모이고, 벼락이 치는 등 이상한 일들이 일어납니다. 역사가들은 이를 진짜 일어났던 일로 보지 않고 어떤 일들이 일어났는데 이런 식으로 돌려서 기록했다고 봅니다. 이 시기에 백제 내부에서 엄청 혼란스러운 일들이 일어나고 있었던 것만은 확실합니다. 아마 내부 반대세력들이 무언가 일을 꾸몄거나 살기 힘든 농민들이 들고일어났을 가능성이 있습니다. 어떤 일이든 좋은 일은 분명 아니었을 겁니다. 이렇게 내부가 혼란스러운 상황에 의자왕은 향락을 일삼는 등 흐리멍덩한 상태로 있었고, 이때 외부에서 나당동맹군이 침략을 해왔습니다.

신라왕 김춘추를 우이도 행군총관으로 삼아 그 나라 군사를 거느리고 당나라 군사와 합세하게 하였다… 당나라와 신라 군사가 이미 백강과 탄현을 지났다는 말을 듣고 장군 계백을 보내 결사대 5,000명을 거느리고 황산으로 나가 신라 군사와 싸우게 하였는데, 네 번 싸워서 모두 이겼으나 군사가 적고 힘이 모자라서 마침내 패하고 계백이 사망하였다… 당나라 군사가 승세를 타고 성에 다가서니 왕이 피할 수 없음을 알고 탄식하며 말하기를, "성충의 말을 듣지 않아 이 지경에 이른 것이 후회스럽구나."라고 하고는 마침내 태자 효와 함께 북쪽 변경으로 달아났다… 왕과 태자 효가 여러 성과 함께 모두 항복하였다. 정방이 왕과 태자 효, 왕자 태, 융, 연 및 대신과 장사 88명, 백성 12,870명을 당나라 수도로 보냈다.

소정방이 성을 둘러싸니 왕의 둘째 아들 태가 스스로 왕이 되어 무리를 이끌고 굳게 지켰다. 태자의 아들 문사가 왕자 융에게 일러 말하기를, "왕은 태자와 함께 나갔고, 숙부가 자기 마음대로 왕이 되었는데, 만일 당나라 군사가 포위를 풀고 가버리면 우리들이 어찌 안전할 수 있겠습니까?"라고 하고 마침내 측근들을 데리고 밧줄을 타고 나가니 백성들이 모두 뒤따랐지만 태는 말리지 못하였다. 정방이 군사들에게 성가퀴를 넘어가 당나라 깃발을 세우게 하자, 태는 다급히 성문을 열고 명령을 청하였다.

『삼국사기』 백제본기 제6권

신라와 당나라의 동맹인 나당 동맹은 삼국시대를 통일하기 위한 통일전쟁을 시작했습니다(통일전쟁이라는 용어는 후대에 붙여졌고, 당시에는 통일보다는 정복의 의미가 더 강했을 겁니다). 의자왕은 흐리멍덩한 상태에서 외부의 침략에 제대로 대비하지 못했고, 외부의 적인 나당동맹군의 공격에 제대로 대응할 수 없었습니다. 결국 수도였던 사비성이 함락될 위기에 처하자 의자왕은 첫째 아들 효를 데리고 웅진성으로 도망갔습니다. 그리고 사비성은 둘째 아들 태가 스스로 왕이 되어 지켰습니다. 이때 태자 효의 아들이었던 문사가 나중에 태가 왕이 된 것에 동조한 것으로 몰려 처벌을 받을까 두려워 측근들을 이끌고 성 밖으로 나갔고, 태는 이를 말리지 못했습니다. 결국 나당연합군과 전투 끝에 성문을 열었고 사비성은 몰락하였습니다. 사비성을 무너뜨린 나당연합군은 웅진성으로 향했습니다.

― 이에 왕과 태자 효가 여러 성과 함께 모두 항복하였다.

『삼국사기』 백제본기 제6권

기록을 보면 웅진성에 있던 의자왕과 태자 효는 당나라군에게 항복했다고 나옵니다. 나당연합군이 웅진성에 오지도 않았는데 그냥 성문을 열고 나와 항복을 했습니다. 도대체 왜 그랬을까요? 구당서와 신당서라는 책에 보면 '예식(예식진)'이라는 사람이 등장합니다. "예식이 의자왕을 데리고 소정방에게 항복했다."라는 내용이 나오는데, 이를 통해 예식이라는 사람이 의자왕에게 항복을 종용했다고 추측하기도 합니다. 이 내용은 이전까지는 단지 기록일 뿐이라서 완전히 믿지 않았으나, 예식의 후손 묘지명 기록에 "할아버지가 의자왕을 당나라에 바쳤다."는 내용이 나와서 거의 확실해졌습니다. 이후 예식은 당나라의 인정을 받고 정3품 좌위위대장군에 임명되었습니다. 이는 궁정의 경비와 호위를 담당하는 직책입니다. 백제 사람이 정3품이라는 높은 관직을 받았을 정도면 당나라에 많은 도움을 줬다는 거겠죠? 이렇게 백제의 역사는 끝이 나게 되었습니다.

예식이 당나라에 의자왕을 데려간 후 의자왕은 당나라에 포로로 끌려갔습니다. 당나라에 도착할 당시 의자왕의 몰골이 말이 아니어서 당나라의 황제 고종이 당나라의 장수였던 소정방을 나무랐다고 합니다. 당 고종은 의자왕을 포함한 왕족들을 왕족 신분에 맞게 대우해 주었고 백제의 귀족들에게도 신분에 맞는 대우를 해줬다고 합니다.

> (소)정방이 포로들을 바치니 고종이 꾸짖고는 용서해 주었으며, 왕이 병으로 죽자 금자광록대부 위위경을 내려주고 옛 신하들이 문상하는 것을 허락하였다.
>
> 『삼국사기』 백제본기 제6권

그런데 의자왕은 당나라에 간 지 일주일도 안 되어서 사망하고 맙니다. 고문도 없었고, 환경도 좋았을 텐데 왜 사망했을까요? 그 이유는 알 수 없습니다. 의자왕의 사망을 두고 질병설, 자살설,

타살설 모두 제기되는데요, 아직 정확한 이유는 알 수 없고, 너무 빠른 시일에 사망했기 때문에 다양한 의혹들이 제기됩니다. 제 개인적인 생각으로는 기록처럼 정말 병으로 사망한 것 같습니다. 한 나라의 군주의 입장에서 생각해 보면 우리나라가 멸망한 게 나의 무능함 때문이라는 자책이 들 거 같고, 당나라로 끌려오면서 얼마나 많은 굴욕감을 느꼈을까요. 매일 제일 좋은 옷과 음식에 둘러싸여 있다가 가장 밑바닥 취급을 받았을 때 그 기분은 상상도 할 수 없을 겁니다. 그런 스트레스가 쌓이고 쌓여 병이 들어서 금방 사망한 거 같습니다.

부여 왕릉원에 가면 의자왕 가묘가 있습니다. 가묘는 말 그대로 가짜 묘입니다. 의자왕은 당나라에서 죽었기 때문에 중국에 묻혀 있는데요, 진짜 무덤을 찾을 수 없는 상황이라고 합니다. 그래서 가묘가 만들어져 있습니다. 망국의 군주의 최후는 역시 편하지 않네요.

한강 유역을 차지해 삼국 중 가장 먼저 전성기를 맞이했던 백제. 고구려의 왕을 전사시킬 정도로 강대했던 백제. 일본에 선진문물을 전해줬던 문화강국 백제. 하지만 막강한 귀족의 힘 때문에, 백제는 흔들렸고 결국 멸망하게 되었습니다.

여러분의 생각 속의 백제는 어떤 국가인가요? 고구려를 능가했던 근초고왕의 백제인가요? 귀족들에게 시해당했던 웅진시대의 백제인가요? 아니면 멸망의 길로 향했던 사비시대의 백제인가요?

역사적 상상력을
통해 본
백제
이야기

초판 1쇄 발행 2025. 5. 6.

지은이 홍민지
펴낸이 김병호
펴낸곳 가넷북스

편집진행 황금주
디자인 김민지

등록 2019년 4월 3일 제2019-000040호
주소 서울시 성동구 연무장5길 9-16, 301호 (성수동2가, 블루스톤타워)
대표전화 070-7857-9719 | **경영지원** 02-3409-9719 | **팩스** 070-7610-9820

•가넷북스는 여러분의 다양한 아이디어와 원고 투고를 설레는 마음으로 기다리고 있습니다.

이메일 garnetoffice@naver.com | **원고투고** garnetoffice@naver.com
공식 블로그 blog.naver.com/garnetbooks
공식 포스트 post.naver.com/garnetbooks | **인스타그램** @_garnetbooks

ⓒ 홍민지, 2025
ISBN 979-11-92882-21-5 03910

•파본이나 잘못된 책은 구입하신 곳에서 교환해드립니다.
•이 책은 저작권법에 따라 보호를 받는 저작물이므로 무단전재 및 복제를 금지하며,
 이 책 내용의 전부 및 일부를 이용하려면 반드시 저작권자와 도서출판 가넷북스의 서면동의를 받아야 합니다.